ein Ullstein Buch

ÜBER DAS BUCH:

Wer Satiren liebt, der sollte Hugo Wiener kennen. Wer sich mit Humor das Leben erleichtern will, der sollte Hugo Wiener lesen. Und wer seinen Mitmenschen Freude bereiten will, der sollte Hugo Wiener schenken. Satiren, Kurzgeschichten, Dialoge – Spiegelbilder unserer Zeit, Spiegelbilder unserer selbst, wie stets illustriert von Rudi Angerer. Also dann, was auch geschehen mag, machen Sie's wie der »Klassiker unter den Kabarettisten« – zähmen Sie Ihr Temperament, und denken Sie sich: »Immer mit der Ruhe.«

DER AUTOR:

Hugo Wiener, am 16. Februar 1904 als Sohn eines Musikers in Wien geboren. Musikstudium, Kapellmeister, Klavierbegleiter im Kabarett, dann Verfasser von Texten, was schließlich – bis heute – sein Hauptberuf wurde. Libretti für Operetten, Filmdrehbücher (seine Satiren waren auch Vorlagen für die beliebte Fernsehserie *Ein verrücktes Paar*). 1949 wurde er gemeinsam mit seiner Frau Cissy Kraner an das Wiener Kabarett *Simpl* engagiert, für das er als Hausautor gemeinsam mit Karl Farkas 16 Jahre tätig war. Hugo Wiener lebt heute als freier Schriftsteller in Baden bei Wien.

Hugo Wiener

Immer mit der Ruhe

Satiren

Mit Zeichnungen von Rudolf Angerer

ein Ullstein Buch

ein Ullstein Buch
Nr. 20887
im Verlag Ullstein GmbH,
Frankfurt/M – Berlin

Ungekürzte Ausgabe

Umschlagentwurf:
Hansbernd Lindemann
Illustration: Rudolf Angerer

Taschenbuchausgabe mit
Genehmigung des Amalthea Verlags,
Wien – München

Printed in Germany 1991
Druck und Verarbeitung:
Ebner Ulm
ISBN 3 548 20887 8

2. Auflage März 1991

Vom selben Autor
in der Reihe der
Ullstein Bücher:

Die lieben Verwandten
und andere Feinde (20806)
»Lesen Sie wohl!« (22072)
Hugo Wieners beste Geschichten (22158)
Das kann nur mir passieren (22234)
Heiterkeit auf Lebenszeit (22289)
Verliebt, verlobt, geheiratet (22368)

CIP-Titelaufnahme
der Deutschen Bibliothek

Wiener, Hugo:
Immer mit der Ruhe: Satiren /
Hugo Wiener. Mit Zeichn. von Rudolf
Angerer. – Ungekürzte Ausg., 2. Aufl. –
Frankfurt/M; Berlin: Ullstein, 1991
(Ullstein-Buch; Nr. 20887)
ISBN 3-548-20887-8
NE: GT

Meiner Frau für ihre uneigennützige Mitarbeit,
meiner *lieben* Frau für ihr immerwährendes Verständnis,
meiner *geliebten* Frau für alles, was sie aus meinem Leben gemacht hat.

Inhalt

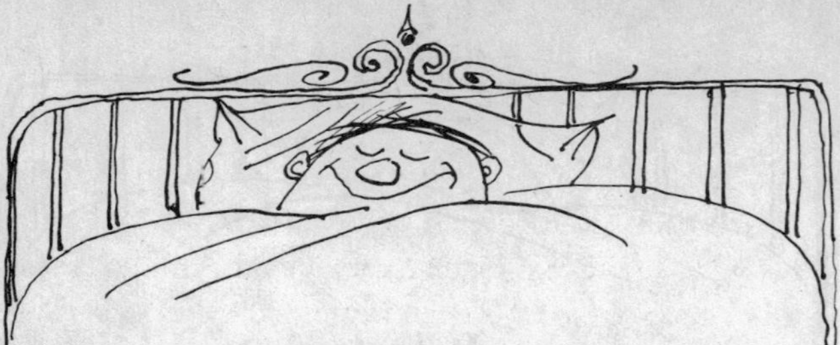

Vorwort

Vorwort? Ja, Vorwort. Sie haben richtig gelesen, schöne Leserinnen, liebe Leser: Vorwort.
Ich weiß, daß ich Kollegen habe, die am Anfang eines Buches bloß ein paar Zeilen hinfetzen und dann einfach drüberschreiben: »Anstelle eines Vorworts«.
Ich hasse dieses »Anstelle eines Vorworts«. Warum tun sie es? Ich weiß es nicht. Entweder wissen sie selber nichts über ihr Buch zu sagen oder es fällt ihnen nicht genug dazu ein, um die halbe Seite, die ein anständiges Vorwort haben muß, zu füllen, oder sie nehmen sich nicht die Zeit, ein Vorwort zu schreiben und schreiben dann anstelle eines Vorworts »Anstelle eines Vorworts«. Sie sollten es bleibenlassen Bücher zu schreiben, wenn sie nicht einmal imstande sind, ein simples Vorwort voranzusetzen.
Anstelle eines Vorworts! Sie können es nicht sehen, aber ich schüttle verständnislos den Kopf. Mein Gott, was ich alles schreiben könnte, um dieses einmalige Werk meiner Leserschaft vorzustellen. Ich könnte schreiben – lassen Sie mich nachdenken, das Vorwort darf ja nicht allzu lang sein. Ich könnte schreiben – damit wäre aber auch nicht alles gesagt. Ich könnte schreiben – was könnte ich eigentlich schreiben? Ich könnte schreiben – Sie ahnen nicht, wie schwierig es ist. Irgendwas anstelle eines Vorworts zu schreiben und es dann »Anstelle eines Vorworts« zu nennen, ist natürlich leichter, aber ich lehne es ab. Ich würde nie etwas anstelle eines Vorworts schreiben. Natürlich wird man durch das Vorwort in eine Situation gebracht, die ziemlich kompliziert ist. Es ist eine aus-

weglose Situation. Sie werden vielleicht lachen, aber so ist es nun einmal im Leben. Wir Menschen befinden uns oft in Situationen, denen wir, so komisch sie auch auf andere wirken mögen, hilflos gegenüberstehen.

Ich schlage Ihnen deshalb etwas vor: Verzichten Sie auf ein Vorwort, lesen Sie gleich den Anfang dieses »Immer mit der Ruhe« betitelten Buches, und nehmen Sie diesen Anfang

ANSTELLE EINES VORWORTS.

Hugo Wiener

Immer mit der Ruhe

Mein Neffe Ladi, damals zehn, hatte in der Schule einen Lehrer, der, als er einen Schüler fluchen hörte, folgendes sagte: »Merkt euch eines, Kinder! Was euch auch zustoßen mag, nehmt es hin und denkt euch: Immer mit der Ruhe. Nehmt euch ein Beispiel an mir. Ich rege mich über nichts in der Welt auf und komme deshalb auch niemals in die Lage zu fluchen. Fluchen ist häßlich. Fluchen ist eine Sünde. Seht zum Beispiel, wie sich eben jetzt diese Fliege auf meine Nase setzt. Jage ich sie fort? Nein. Fluche ich? Nein. Ich greife langsam mit Daumen und Zeigefinger nach ihr und – verdammt noch einmal, das ist eine Biene!«
Immer mit der Ruhe.

Derselbe Ladi, damals acht, wird von seinem Vater, meinem Schwager Walter Goldmann, gefragt, was er sich zu seinem Geburtstag wünsche.
»Einen richtigen Revolver«, sagt Ladi.
»Den bekommst du nicht.«
»Ich will aber einen!« weint Ladi.
»Du bekommst keinen richtigen Revolver«, schreit der Vater, »und jetzt sei still!«
Vor Weihnachten wird Ladi gefragt, was er sich vom Weihnachtsmann wünsche.
»Einen richtigen Revolver«, sagt Ladi wieder.
»Den bekommst du nicht!« tobt Goldmann. »Wer hat hier zu reden – du oder ich!«
»Jetzt noch du«, sagt Ladi. »Wenn ich aber erst einen richtigen Revolver habe ...«
Immer mit der Ruhe.

Mein Freund und Anwalt Dr. Robinson fährt zur Tankstelle. »Auftanken«, sagt er. Der Tankstellenwärter tankt auf. Als Robinson bezahlt, lacht er.
»Warum lachen Sie?« fragt Robinson.
»Weil Sie der letzte Kunde sind, der das Benzin noch zum alten Preis bekommt. Es ist eine Minute vor 24 Uhr, ab 24 Uhr gilt der neue Benzinpreis.«
»Da lache ich auch«, sagt Robinson. »Wie ist der neue Benzinpreis?«
Drauf der Tankstellenwärter: »Um einen Schilling pro Liter billiger.«
Immer mit der Ruhe.

Eine Geschichte, die mir mein Zahnarzt Dr. Wronsky erzählte, als er von einer Tagung aus London zurückkehrte. Es ist bekannt, daß es im Londoner Hydepark jedermann gestattet ist, öffentlich zu reden, und daß er bei dieser Gelegenheit alles sagen darf, was er will, ohne von der Polizei behelligt zu werden. Das ist Demokratie. Man muß ihm nur nicht zuhören – und das ist auch Demokratie. Auf einem Spaziergang durch besagten Park sah Wronsky einen Mann, um den sich eine größere Menschenmenge versammelt hatte. Also stellte Wronsky sich auch hin.
»Erwachet, Leute!« schrie der Mann eben. »Laßt euch von der Regierung nicht alles bieten! Erhebt euch! Wenn ihr Hunger habt, fragt nicht lang, schlagt die Geschäfte ein und holt euch, was ihr braucht! Wenn euren Frauen kalt ist, fragt nicht lang, schlagt die Geschäfte ein und holt euch, was ihr braucht! Wenn ihr zu eurer Arbeitsstelle eine längere Strecke

RANO

zu gehen habt, fragt nicht lang und – he«, unterbrach er sich plötzlich, »wer hat mein Fahrrad gestohlen?«
Immer mit der Ruhe.

Mein Freund Spannagl hat eine Freundin. Eines Nachts verläßt er sie und schleicht in Socken, die Schuhe in der Hand, durch das Vorzimmer, als ihm ein Mann begegnet, ebenfalls in Socken und auch die Schuhe in der Hand.
»Was machen Sie denn da mit den Schuhen in der Hand?« fragt der Mann leise.
»Ich passe auf, daß der Mann nicht erwacht«, flüstert Spannagl. »Ich bin der Hausfreund. Und Sie?«
»Ich passe auf, daß die Frau nicht erwacht«, wispert der andere. »Ich bin der Mann.«
Immer mit der Ruhe.

Mein Freund Joschi war in Salzburg. Er stieg in einem der führenden Hotels ab, kam nachts nach Hause und unterhielt sich noch mit dem Nachtportier. Plötzlich trat ein Mann ein, betrunken, ohne Sakko, obwohl die Nacht ziemlich kalt war.
»Führen Sie mich auf Zimmer 17«, lallte er.
»Das ist unmöglich«, bedauerte der Portier. »Zimmer 17 bewohnt Herr Schulze aus Düsseldorf. Der Herr schläft schon.«
»Quatsch«, meinte der andere. »Führen Sie mich hinauf.«
»Das geht nicht. Begreifen Sie denn nicht? Zimmer 17 bewohnt Herr Schulze aus Düsseldorf. Ich kann den Herrn nicht wecken.«
Der andere blieb stur. »Führen Sie mich hinauf«, sag-

te er, bereits etwas ungemütlich, »ich übernehme die Verantwortung.«

»Bitte«, gab der Portier nach, »ich werde Sie anmelden. Wie ist Ihr Name?«

Drauf der andere: »Schulze aus Düsseldorf. Ich bin eben aus dem Fenster gefallen.«

Immer mit der Ruhe.

Wenn Sie, liebe Leser, von ähnlichen Situationen wissen, schreiben Sie sie bitte auf, und schicken Sie sie an folgende Adresse: Postfach 4321, 1234 Wien. Wer sie dort bekommt, weiß ich nicht – *ich* bekomme sie nicht.

»Die wahre Heimat ist eigentlich die Sprache«, sagt Wilhelm von Humboldt, und er hat recht. So wie viele Menschen ihre Heimat schlecht behandeln, behandeln sie auch ihre Sprache schlecht. Amerikanismen schleichen sich ein, Dialekte machen sie unverständlich. Ich bin kein Sprachenmuffel, aber wie soll uns ein Ausländer verstehen, wenn er hört, daß z. B. »do holioleo« kein Jodler ist, sondern ins Hochdeutsche übertragen »Da hole ich alle ab« heißt?
Und erst was das Schriftliche betrifft! Da wimmelt es nur so von Fehlern und Abkürzungen. Besonders von letzteren. Unsere Devise heißt:

FDK = Fasse dich kurz!

Haben Sie schon bemerkt, daß unsere schöne deutsche Sprache fast nur noch aus Abk. (Abkürzungen) besteht? Wo sind die Zeiten, in denen man nur zu wissen brauchte, daß Bankw., Bauw. und Buchw. Bankwesen, Bauwesen und Buchwesen heißt und daß eine GmbH eine Gesellschaft mit beschränkter Haftung ist? Heute kennt sich kein Mensch mehr aus. Heute weiß man nicht, heißt anm. anmerken, anmelden oder anmaßen, gebr. gebräuchlich, gebrochen oder gebraten, und Staatspl. Staatspolizei, Staatspolitik oder Staatspleite. Letzteres scheint mir am wahrscheinlichsten, denn UST und WUST, EST und ZEST (Umsatz- und Warenumsatzsteuer, Einkommen- und Zinsenertragssteuer) richten den Bürger zugrunde.

Wir leben in einer Zeit des Keinezeithabens. Und es soll noch schlimmer werden. Wie ich neulich hörte, will man die geschr. Abk. (geschriebenen Abkürzungen) bald auch in die mündl. Spr. (mündliche Sprache) übernehmen. Die Versuche sind bereits im Gange.

Hören Sie ein Telegespr. (Telefongespräch), wie es sich die Herren Abkz. (Abkürzler) vorstellen:

R! (Abk. Telkl. = abgekürzte Telefonklingel).

»'llo?«

»'llo?«

»Hier KUDÜGE (Kunstdüngergesellschaft) – ist dort FUMIVER (Futtermittelverwertung)?«

»Ja.«

»Herr Dipl-Ing Moser möchte Herrn Dipl-Dolm Wagner sprechen.« (Wobei erklärt werden muß, daß Dipl-Dolm Diplom-Dolmetscher heißt).

»VZ!« (Bitte die aus Großbuchstaben gebildeten Wörter wie im Fall PKW oder LKW auszusprechen, also in unserem Gespräch VAUZET, was soviel wie Verzeihung heißt): »VZ, Herr Dipl-Dolm ist in der Pr-Abt. (Wobei man wissen muß, daß Pr auf deutsch Publik Relations bedeutet.)

»Und der Herr Vorst?« (Vorstand).

»Herr Vorst ist bei Herrn Komrat. (Kommerzialrat). Herr Vorst benötigt ein amerik Vis (amerikanisches Visum) und Herr Komrat ist ein GB (guter Bekannter) von Obst (Oberst) Dahlenberg, der SS (seinerseits) wieder ein GB des amerik Honkons (amerikanischen Honorarkonsuls) ist. Aber DKE! (Da kommt er eben.) Herr Dipl-Dolm, ein Gespräch FS.« (Was nicht Fernsehen bedeutet, sondern FÜR SIE.)

»'llo?«

»'llo! Hier Dipl-Ing Moser!«

»GG! (Grüß Gott!) Was versch das Verg?« (Was verschafft mir das Vergnügen?)

»WLG! (Wir haben uns lange nicht gesehen!) HZ?« (Haben Sie nicht mal Zeit?)

»Z? WD?« (Zeit? Was ist das?) Beide lachen. »Ha!« (Abgekürztes Gelächter.)

»ZE.« (Habemirgedachtdaßwirbeideeinmalzusammenessengehenkönnten)

»GW.« (Gerne. Wo?)

»HSA?« (Hotel Sacher?)

»ZW. (Zu weit) Ha gesch gespr in Siev.« (Habe geschäftliche Besprechung in Sievering.)

»Gesch ist g! (Geschäftlich ist gut!) Bl, Schw, Br?« (Mit der Blonden, mit der Schwarzen, mit der Brünetten?)

»Nein, wirk gesch.« (Nein, wirklich geschäftlich.)
»Wenn HSA ZW, dann BM?« (Wenn Hotel Sacher zu weit, dann bei mir?«
»O.k., Zwölf?«
»Zwölf. AW!« (Auf Wiedersehen!)
»AW.« Wendet sich zur Sekretärin: »Ru mor Dipl-Ing: IBK.«
»O.k.« Sie notiert: Morgen anrufen Dipl-Ing: Dipl-Dolm krank.

»In der »K« liegt die »W« – oder »Kürze« – »Würze«.«

Am meisten gestreßt sind wir Menschen in der Zeit vor dem Weihnachtsfest. Jeder will jedem das Richtige schenken, und jeder schenkt jedem das Falsche. Mein Freund Robinson schenkte seiner Frau voriges Jahr zu Weihnachten einen Fußball, weil er sich sagte, was immer er ihr schenkt, sie tauscht es ja doch um.
Und trotz allem wünschen wir unseren Freunden und Bekannten alle Jahre wieder:

Fröhliche Weihnachten

Letztes Jahr am Weihnachtstag bekamen meine Frau und ich eine süße Weihnachtskarte.

Was, werden Sie fragen, kann an einer Weihnachtskarte süß sein? Ich werde es Ihnen sagen: Es war keine eigentliche Karte, es war ein Billett, und wenn man es aus dem Umschlag nahm und öffnete, ertönte ein Spielwerk und spielte zart und leise: »Stille Nacht, heilige Nacht.«

Meine Frau und ich waren gerührt. Im Zimmer verbreitete bereits der Weihnachtsbaum seinen Duft, darunter lagen die noch verpackten Geschenke, aus der Küche drang der Wohlgeruch der Weihnachtsbäckereien, und jetzt noch die erhebende Weise des »Stille Nacht, heilige Nacht«. Es herrschte eine richtige Weihnachtsstimmung im Zimmer, und meine Frau und ich erinnerten uns an die Zeit, in der die Weihnachtsbäume noch nicht aus Aluminium, sondern aus richtigem Plastik waren. Eben starteten ein paar Tränen, um aus meinen Augen zu rinnen, als die Melodie ein zweites Mal begann. Klar. Das Lied hatte ja zwei Verse. Mindestens. Nun begann sie ein drittes Mal. Also drei Verse. Denkste, sagt der Berliner, während der Wiener »Schnecken« sagt. Sie ertönte ein viertes, ein fünftes, ein sechstes Mal. Sie hörte nicht auf zu ertönen. Wir klappten das Billet zusammen und steckten es in den Umschlag – sie ertönte. Wir nahmen es heraus und öffneten es – sie ertönte. Es wurde Mittag, Nachmittag, Abend – sie ertönte noch immer. Wir hatten uns vorgenommen, einmal am Weihnachtsabend allein zu sein, und wir waren auch allein. Allein mit dem Weihnachtsbillet. Wir standen unter dem Baum – stille Nacht, heilige Nacht. Wir aßen unseren

Stille Nacht
RANG

Karpfen – stille Nacht, heilige Nacht. Meine Frau machte ein verkrampftes Gesicht, ich zitterte vor Nervosität – stille Nacht, heilige Nacht. Wütend sprang ich aus dem Bett, trug das Billet ins Vorzimmer, dachte, endlich wird Ruhe sein, aber kaum lag ich wieder im Bett, als meine Frau sagte: »Das hättest du nicht tun sollen.«

»*Was* hätte ich nicht tun sollen?« fragte ich.

»Die Karte ins Vorzimmer tragen. Schließlich haben wir Weihnachten.«

Ich stand also auf, holte die Karte wieder herein und legte sie auf meinen Nachttisch – stille Nacht, heilige Nacht. Ich legte sie auf den Nachttisch meiner Frau – stille Nacht, heilige Nacht. »Diese verfluchte Melodie!« zischte ich.

Meine Frau setzte sich im Bett auf. »*Was* hast du gesagt?« fragte sie entsetzt.

»Diese verflucht schöne Melodie«, korrigierte ich schnell.

»Dein Glück«, meinte meine Frau pikiert. »Weihnachten flucht man nicht, und was das Lied anbelangt, handelt es sich schließlich um eine Weise, welche überall mit dem tiefsten Gefühl aufgenommen wird. Sogar in Japan.«

Ich weiß nicht, wie meine Frau gerade auf Japan kam, aber ich wollte, das Billett wäre in Japan gewesen. Ich hätte es den Japanern gegönnt, als Revanche für den Wirtschaftskrieg, in den sie uns gestürzt haben. Aber ich hütete mich, etwas zu sagen. Stumm, mit offenen Augen, lagen wir da. Stille Nacht, heilige Nacht, zirpte es. »Vielleicht kann man es abstellen«, meinte meine Frau endlich zögernd.

Schnell sprang ich aus dem Bett, besah mir das Spielwerk – man konnte es *nicht* abstellen. Ich bastelte daran herum – es wurde von einer Batterie betrieben. »Dann kann es doch nicht mehr lange dauern«, meinte meine Frau beruhigt, »jede Batterie ist einmal aus.« Da die meisten Batterien bloß eine Dauer von acht Stunden haben, war auch ich dieser Ansicht. Die Batterie spielte bereits seit vierzehn Stunden – also was soll's? Ich ging wieder zu Bett – stille Nacht, heilige Nacht. Fünfzehn Stunden. Ich wälzte mich herum – sechzehn Stunden.

»Leg das Billett in eine Lade«, sagte meine Frau, »dann hören wir es nicht, haben es aber doch im Zimmer.« Flugs sprang ich wieder aus dem Bett, legte das Billett in eine Lade und legte mich wieder hin. Nun hörten wir nichts, konnten aber trotzdem nicht einschlafen. Es war plötzlich so still geworden. Nach einer halben Stunde sagte meine Frau: »Vielleicht sollten wir sie doch wieder –?«

Ich hatte nur darauf gewartet. Schnell sprang ich wieder aus dem Bett, nahm das Billett aus der Lade und legte es hin – stille Nacht, heilige Nacht. Als ich für kurze Zeit einschlief, hatte ich einen beängstigenden Traum. Eine Bande von Mafiosi raubte uns das Billett und verlangte für seine Herausgabe zehn Millionen Schilling. »Lassen Sie die Polizei aus dem Spiel«, warnte uns eine Stimme am Telefon, »geben Sie die Summe in kleinen Scheinen in einen Koffer und werfen Sie ihn um zwölf Uhr nachts von der Schwedenbrücke in die Donau.« Ich weigerte mich, dem Befehl zu folgen, und nahm den Kampf mit der Bande auf. Ich folgte ihr bis Japan, in Tokio stellte ich sie, nahm ihr das Billett ab und flog nach Hause. Überglücklich nahm meine Frau es in Empfang. Auch das Billett war glücklich, wieder bei uns zu sein. Dankbar für seine Errettung aus der Gewalt der Gangster, spielte es: Stille Nacht, heilige Nacht. Ich erwachte – das elende Machwerk spielte wirklich! Nun waren es bereits zwanzig Stunden, und die verdammte Batterie zeigte kein Zeichen von Müdigkeit. Außer mir, sprang ich wieder aus dem Bett. Ich schickte mich an, das Billett zu zerreißen.

»Untersteh' dich!« rief meine Frau drohend. Sie hatte meine Absicht erraten. »Die Karte soll so lange spielen, solange es ihr gefällt.«

Das tat sie denn auch. Sie spielte, solange es ihr gefiel. Und es gefiel ihr lang. Wir lernten, mit dem Billett zu leben. Es wurde Ostern – stille Nacht, heilige Nacht. Pfingsten – stille Nacht, heilige Nacht. Wir fuhren auf Urlaub, um dem Billett zu entfliehen – wir hätten es mitnehmen sollen. Nach der ersten Woche war uns bang nach ihm. Es fehlte uns. Wo immer wir waren, sprachen wir von ihm. Wird es noch spielen? Wir brachen den Urlaub ab und fuhren nach Hause. Ungeduldig wie die Kinder schlossen wir die Tür auf, stürzten ins Schlafzimmer – es spielte noch. Stille Nacht, heilige Nacht.

Es wurde Herbst – stille Nacht, heilige Nacht. Die Tage wurden kurz – stille Nacht, heilige Nacht. Der erste Schnee fiel vom Himmel – stille Nacht, heilige Nacht. Anfangs Dezember sagte ich zu meiner Frau: »Ich habe eine Idee. Wir laden für den Heiligen Abend ein paar Gäste ein und sobald die Kerzen am Baum brennen, bringe ich unser liebes Spielili herein und führe es vor.« Wir hatten unserem kleinen Liebling inzwischen den Namen »Spielili« gegeben. Meine Frau war einverstanden.

Der 24. Dezember kam heran. Wir hatten Robinsons, Goldmanns und Wronskys geladen. Alle kamen sie und brachten ihre Geschenke. Robinsons brachten meiner Frau ein Fläschchen Parfum und mir ein After-shave, Goldmanns brachten meiner Frau ein Fläschchen Parfum und mir ein After-shave, während Wronskys meiner Frau ein Fläschchen Parfum und mir ein After-shave brachten. Auch wir hatten Geschenke für unsere Gäste vorbereitet, und zwar bekam jede Dame ein Fläschchen Parfum und jeder Herr ein After-shave.

»Und jetzt wartet«, sagte ich geheimnisvoll, »ich zeige euch ein Weihnachtswunder.« Ich eilte hinaus, brachte das Billett – es gab keinen Ton von sich. Die Batterie war zu Ende. Ein Jahr lang hatte sie gearbeitet – jetzt ließ sie mich im Stich. Die Gäste sahen mich verwundert an. Da stand ich mit einem Weihnachtsbillett in der Tür – das sollte ein Wunder sein?

Was blieb mir übrig? Ich sang mit voller Stimme: »Stille Nacht, heilige Nacht«, die anderen fielen ein, das Essen war gut, der Wein war ausgezeichnet, und so wurden es doch noch Fröhliche Weihnachten.

Eines weiß ich aber schon heute: Im nächsten Jahr, wenn der Briefträger die Weihnachtspost bringen wird, werden meine Frau und ich uns ansehen und werden denken: Ein so schönes Billett wie Spielili eines war, werden wir nie mehr bekommen.

Mit den Streichen und Torheiten, die wir in unserer Jugend gemacht haben, ergeht es uns so wie mit dem Kohlgemüse: aufgewärmt schmeckt es noch besser. Das ist auch der Grund, weshalb sich zwei Freunde, die sich lange nicht gesehen haben und einander wieder begegnen, über ihre vergangenen Dummheiten doppelt so gut unterhalten wie seinerzeit. Und da wären wir auch schon bei unserer nächsten Geschichte:

Alte Kameraden

Dr. Emil Robinson und Harry Dwight Catsman, früher Katzmann, waren alte Kameraden. Sie waren zusammen zur Schule gegangen, hatten zusammen maturiert und waren zusammen auf der Uni gewesen. Dann trennten sich ihre Wege. Robinson blieb in Wien und wurde ein angesehener Anwalt, Catsman ging nach Amerika, begann dort als Verkäufer in einem kleinen Herrenmodengeschäft und war bald Besitzer einer Supermarktkette. Amerika ist eben noch immer das Land der unbegrenzten Möglichkeiten. So hätte Catsman es nie für möglich gehalten, daß sein Onkel in New York verhältnismäßig jung sterben und ihm einen Supermarkt hinterlassen würde. Aber Catsman war ehrgeizig. Er gab sich mit dem Supermarkt nicht zufrieden, er streckte die Ärmel auf und heiratete die Tochter eines reichen Warenhausbesitzers, den er ebenfalls beerbte, was aber nicht heißen soll, daß er nicht selber fleißig und geschickt gewesen wäre. Er stieß die Supermärkte ab und gründete eine Warenhauskette, durch die er in fast allen großen Städten der Vereinigten Staaten vertreten war. Auf einem Europatrip besuchte er seinen Freund Robinson, und nun saßen die beiden im Restaurant eines bekannten Nobelhotels beisammen und sprachen von vergangenen Zeiten.
»Hast du jemals etwas von einem unserer alten Schulkollegen gehört?« erkundigte sich Catsman. »Was ist zum Beispiel aus Baumann geworden?«
»Baumann ist Arzt und hat eine sehr gutgehende Praxis.«
»Bist du bei ihm in Behandlung?«
»Nein.«

»Warum nicht?«
»Weil er zu viele Patienten hat. Einmal bin ich so lange in seinem Wartezimmer gesessen, daß ich drei Krankheiten dazubekommen habe.« Beide lachten.
»Und Wallenberg?« fragte Catsman weiter. »Was ist mit Wallenberg?«
»Wallenberg ist ein richtiger Managertyp geworden. Ich glaube, wenn der einmal Selbstmord begehen sollte, würde er seiner Sekretärin den Abschiedsbrief diktieren.«
Wieder lachten beide.
»Wen hatten wir noch?« Catsman dachte nach. »Klinger!« sagte er plötzlich. »Was ist mit Klinger?«
»Klinger ist Diplomat. Kulturattaché in irgendeinem südamerikanischen Staat.«
»Das wundert mich nicht. Klinger war schon in der Schule diplomatisch.«
»Und später erst! Erinnerst du dich nicht mehr, wie es ihm gelungen ist, seine Freundin zu überzeugen, daß es schade wäre, eine so wundervolle Figur unter einem Nerzmantel zu verstecken?« Wieder lachten sie, und so ging es weiter und weiter. Was weißt du von dem, was von dem, was ist aus diesem geworden, was aus jenem?
Während dieses nostalgischen Gesprächs aßen sie sich durch die Speisekarte. Consommé aux noques de semoule (Griesnockerlsuppe), Chou farci (gefüllter Kohl), Pointe de culotte de bœuf bouillie (gekochter Tafelspitz), Sauce ciboulette (Schnittlauchsauce), Purée de pommes au raifort (Apfelkren), Pommes de terre renversées (gestürzte Kartoffeln) Stroudel aux pommes (Apfelstrudel), Fromages et café noir (Käse

und Mokka). Dazu tranken sie jeder zwei Martini und zusammen zwei Flaschen Weißwein. Sie waren bereits sehr gut aufgelegt, als der Direktor des Restaurants an ihren Tisch trat und fragte, ob sie mit dem Menü zufrieden gewesen seien.

»O yes«, sagte Catsman. »It was okay.«

»Sie kommen aus den Staaten?« erkundigte sich der Direktor.

»Ja, aber ich bin von hier. Nehmen Sie doch Platz.«

Der Direktor folgte der Einladung. »Sie sind zu Besuch hier?« fragte er.

»Zu Besuch, aber auch geschäftlich«, nahm nun Robinson das Wort. »Mr. Catsman ist Besitzer einiger Warenhäuser in New York, Chicago, San Francisco, Dallas und so weiter, und ist im Begriff, sich auch in Europa zu engagieren.«

»Ja«, bestätigte Catsman. »Selbstverständlich zuerst in meiner Vaterstadt. Das Gebäude gegenüber hat mich interessiert.«

»Unser Sorgenkind«, meinte der Direktor. »Dem Besitzer ist während des Bauens das Geld ausgegangen, und jetzt steht es leer und sieht gar nicht gut aus. Gerade vis-à-vis von uns.«

»Es wird nicht mehr lange leer sein«, sagte Robinson. »Mein Freund hat es eben gekauft.«

»Oh!« Der Direktor war freudig überrascht. »Wollen Sie hier ein Warenhaus aufmachen?«

»Ja. Ich hoffe, daß das für Sie von Vorteil sein wird.«

»Das hoffe ich auch. Ich bin fast sicher. Wir haben unten im Kellergeschoß ein Restaurant mit billigeren Preisen als hier oben. Ich nehme an, daß sich Ihre Angestellten dafür interessieren werden.«

»Sure. Ich werde es ihnen nahelegen. Ich denke ungefähr zweihundert Arbeitnehmer zu beschäftigen.«
»Das wäre ja wunderbar!« freute sich der Direktor. »Darf ich die Herren zu einer Flasche Sekt einladen?«
»Danke, wir haben genug getrunken.«
»Dann wenigstens einen Kognak!«
»Okay.«
Der Direktor ließ drei Kognaks bringen. Sie tranken auf das neue Warenhaus. »Haben Sie auch eine Gelegenheit für Tagungen?« erkundigte sich Catsman. Aus den drei Kognaks werden sechs.
»Selbstverständlich. Das Hotel, zu dem wir gehören, hat drei Säle. Einen für zwanzig Personen, einen für sechzig und einen großen Ballsaal für bis zu sechshundert Personen.«
»Wonderful!« sagte Catsman und wendete sich an Robinson: »Da können wir die Tagungen hier abhalten und vor allem die große Eröffnungsparty hier geben. Sehr praktisch – direkt vis-à-vis.« Aus den sechs Kognaks werden neun.
»Das finde ich auch«, sagte Robinson und sah auf die Uhr. »Ich muß leider gehen, ich habe in einer halben Stunde einen Termin. Ich möchte bezahlen.«
»Ich schicke sofort den Ober.« Der Direktor erhob sich. Der Ober kam mit der Rechnung. »Geben Sie her«, forderte Robinson ihn auf.
»Ausgeschlossen«, sagte Catsman. »Die Rechnung bezahle *ich*.«
»Kommt gar nicht in Frage. Die bezahle *ich*. Du warst mein Gast.«
»Stimmt nicht! Ich habe dich eingeladen.«
»Erinnere dich! Ich habe gesagt, ich habe von diesem

Restaurant schon soviel gehört, das müssen wir ausprobieren.«
»Und ich habe gesagt okay. Von einer Einladung war keine Rede.«
Robinson machte dem Streit ein Ende. Er wendete sich an den Ober.
»Hier, bitte nehmen Sie!«
Er hielt ihm das Geld hin.
»Nehmen Sie, aber von mir!« insistierte Catsman. Auch er hielt dem Ober das Geld hin. »Wenn Sie mich nicht bezahlen lassen, sieht mich dieses Lokal nicht mehr!«
»Und wenn Sie *mich* nicht bezahlen lassen, sieht es *mich* nicht mehr!« sagte Robinson.
»Einen Moment, bitte!« Der Ober wand sich verlegen, er verließ den Tisch, ging zu dem Direktor und unterrichtete ihn von der Situation. Der Direktor kam schnell herbei. »Ich habe gehört, worum es sich handelt«, sagte er. »Darf ich vielleicht die Lösung des Problems vorschlagen? Die Herren sind Gäste des Hauses.«
»Das ist ausgeschlossen«, sagten beide. »Unmöglich. Das können wir nicht annehmen.«
»Wenn ich Sie bitte, meine Herren?«
»Nein, nein, das geht nicht.«
»Warum denn nicht? Ich will Sie doch nicht als Gäste verlieren.«
»Well«, sagte Catsman. »Aber nur wenn Sie erlauben, daß ich mich bei der ersten Gelegenheit revanchiere.«
»Und ich auch«, setzte Robinson hinzu. Die beiden verließen das Lokal.
Als sie auf der Straße waren, sagte Catsman zu Robin-

son: »Was sagst du? Der alte Trick aus unserer Studentenzeit wirkt noch immer.«

Werfen Sie, liebe Leser, den beiden nicht vor, daß es nicht fair von ihnen war, den Direktor hereinzulegen. Bedenken Sie: Niemandem wurde ein Schaden zugefügt. Das Hotel spürt den Betrag nicht, und die beiden alten Kameraden haben die Freude gehabt, noch einmal jung zu sein.

Solange es Fernsehkrimis gibt, so lange wird es Mörder geben. Und sie werden immer gefaßt werden. Im Fernsehen. Warum? Weil es keinen perfekten Mord gibt. Und doch, so unglaublich es klingen mag, mein Neffe Ladi, damals zehn, hat einen begangen. Natürlich nur im Geist. Sie glauben es nicht? Dann bitte lesen Sie:

Der perfekte Mord
oder
Ein paar liebe Kinder

Eines Tages, das Datum weiß ich nicht mehr, aber es ist verbürgt, brachte die »Bildzeitung« folgenden Bericht: In Clayton, Kalifornien, gab ein Lehrer seinen Schülern nachstehendes Thema für ihre Hausaufgabe: »Überlege dir den perfekten Mord an deinem reichen Onkel.« Als die Eltern der Schüler davon hörten, waren sie empört. In Massen demonstrierten sie vor der Schule und verlangten, daß der Lehrer entlassen werde. Der Lehrer aber gab zu seiner Verteidigung an, daß die Aufsätze, die die Schüler brachten, eher komisch waren als makaber.
Thomas, einer von Ladis Mitschülern, brachte den Artikel in die Schule mit. Natürlich heimlich. In der Pause standen sie beisammen und diskutierten ihn: Thomas, Peter, Heinzi, Paul und mein Neffe Ladi.
»Angenommen ich erschieße meinen Onkel«, begann Thomas. »Was mache ich mit der Leiche?«
»Die kannst du fortschaffen«, meinte Peter, »sobald es dunkel wird.«
»Sobald es dunkel wird«, antwortete Thomas, »darf ich nicht mehr auf die Straße.«
»Bei mir wäre das etwas anderes«, meinte Paul. »Ich könnte meinen Onkel vergiften. Ich bringe ihm immer Erdbeeren aus unserem Garten. Ich müßte bloß ein Insektizid dazumischen.«
»Und?« lächelte Peter ironisch. »Wie stellst du dir das vor? Die von der Polente untersuchen doch seinen Mageninhalt und finden die Erdbeeren. Die hätten dich sofort. Ich«, sprach er weiter, »hätte eine Möglichkeit. Ich fahre fast jeden Sonntag mit meinem Onkel in seinem Boot auf der Donau – ich könnte ihn, wenn niemand in der Nähe ist, ins Wasser stoßen.«

MORD!
RANG.

»Du?« lachte Thomas. »Dazu bist du doch viel zu schwach. Dein Onkel ist ein Koloß von einem Mann. Außerdem hast du einmal erzählt, daß er Staatsmeister im Schwimmen war.«

»War er«, gab Peter kleinlaut zu, »aber sagt mir etwas besseres. Wo willst *du* zum Beispiel einen Revolver hernehmen? Und du«, wendete er sich an Paul, »ein Insektizid?« Beide schwiegen.

»Ich«, nahm Heinzi das Wort, »ich hätte einen Revolver von meinem Vater, er liegt immer in der Schreibtischlade – ich hätte ein Insektizid von unserem Gärtner, der läßt es immer frei herumstehen – und ich hätte auch ein Boot, das immer vor unserem Sommerhaus am Wörthersee liegt, aber – –«, er stockte.

»Was aber?« fragten die andern.

»Ich habe keinen Onkel«, sagte Heinzi traurig. Ladi hatte bis jetzt geschwiegen.

»Was ist mit *dir?*« fragte Peter. »Bist du vielleicht der Ansicht, daß es einen perfekten Mord gibt?«

»Ja«, sagte Ladi nach einiger Überlegung.

»Und ich sage nein«, behauptete Peter.

»Wetten daß –?« forderte Ladi ihn heraus.

»Um wieviel?«

»Wenn ich verliere, gebe ich dir fünfzig Schilling – wenn ich gewinne, gibst du mir fünfzig.«

»Einverstanden.« Peter hielt Ladi die Hand hin, Ladi schlug ein. Thomas schloß sich der Wette gegen Ladi an – die anderen waren Zeugen.

»Ich brauche natürlich Zeit«, sagte Ladi. »Heute in einer Woche bringe ich euch die Lösung.«

»Einverstanden«, sagte Peter. Die Glocke läutete, die Pause war zu Ende, die fünf gingen in die Klasse zurück. Eine Woche lang beschäftigte sich Ladi mit nichts anderem als mit dem perfekten Mord an seinem Onkel. Nach acht Tagen standen sie in der Pause wieder beisammen: Thomas, Peter, Heinzi, Paul und Ladi.

»Na?« begann Peter ironisch. »Hast du die Lösung?«

»Ja«, nickte Ladi.

»Schieß los!«

»Ihr alle«, fing Ladi an, »kennt meinen Onkel Oswald. Ihr habt ihn auf meiner Geburtstagsparty kennengelernt. Er ist nicht reich, aber er hat gewisse Ersparnisse, die er sich nicht anzugreifen getraut, weil Tante Vilma ihre Hand drauf hält.«

»Er hat Angst vor ihr?« erkundigte sich Heinzi.

»Sie ist um vieles jünger als er«, setzte Ladi fort, »und das wirft sie ihm immer vor.«

»Weiter!« drängte Peter ungeduldig.

»Tante Vilma fährt jedes Jahr im Winter nach Lech auf Schiurlaub«, setzte Ladi fort, »und bleibt einen Monat dort. Einen Monat im Jahr, sagt sie, braucht sie für ihre Erholung. Da will sie von nichts wissen. Weder vom Geschäft, noch von Onkel Oswald, sie schreiben sich nicht, sie rufen sich nicht an.«

»Weiter!« drängte Peter wieder.

»Gestern war es wieder soweit. Tante Vilma ist nach Lech gefahren. In ein paar Tagen werde ich Onkel Oswald besuchen, werde dumm herumreden, als ob ich etwas wüßte, was ich nicht sagen darf, Onkel Oswald ist neugierig, das weiß ich, er wird mir keine Ruhe geben, und da werde ich ihm sagen, daß ich gehört habe, wie mein Vater meiner Mutter erzählt hat, daß Tante Vilma mit ihrem Schilehrer durchgebrannt ist.«

»Und?« fragte Peter verständnislos. »Wo ist der perfekte Mord?«
»Warte«, beruhigte ihn Ladi. »Onkel Oswald wird sich freuen, er wird sein Geld abheben, wird seine Freunde einladen, wird Partys geben, natürlich mit Mädchen – und wenn Tante Vilma plötzlich zurückkommt, wird ihn der Schlag treffen. Auf diese Weise hätte ich meinen Onkel getötet, ohne daß man mir etwas beweisen könnte. Das ist der perfekte Mord.«
»Spitze!« sagte Peter bewundernd.
»Super!« sagte Thomas.
Irgendeiner aus der Runde hielt nicht dicht. Onkel Oswald und Tante Vilma erfuhren von der Sache.
Peter und Thomas gaben Ladi je fünfzig Schilling – Onkel Oswald und Tante Vilma gaben ihm je eine Ohrfeige.
Worauf Ladi überzeugt war, daß es keinen perfekten Mord gibt.

Kindheit ist die Zeitspanne im menschlichen Leben, in der man eher Masern bekommt als Skrupel.

Alexis de Tocqueville sagte 1840: »Die Art der Unterdrückung, die den demokratischen Völkern droht, wird mit nichts, was in der Geschichte voranging, zu vergleichen sein. Über diesen Bürgern erhebt sich eine riesige Vormundschaft, die ihr Behagen und Schicksal überwacht und die Menschen kritiklos in der Betreuungsphase hält.« Also?

Betreuung total

Man spricht heute so gerne vom mündigen Menschen, der sein Schicksal selbst in die Hand nimmt, der sich selbst bestimmt und entfaltet. Gleichzeitig fordern aber immer mehr Stimmen, daß man sich intensiver um ihn kümmern müsse, daß gerade der mündige Mensch oftmals in die Unfreiheit seiner Bedürfnisse und Leidenschaften läuft und damit schnurstracks in die Einsamkeit schlittert. Er braucht also ständig jemand, der ihn betreut, und zu diesem »jemand« wird immer mehr der Staat gemacht. Man betreut unsere Geburt, man betreut uns im Kindergarten, man betreut uns in der Schule, man betreut uns am Arbeitsplatz, in der Ehe, in der Familie, man betreut unsere Gesundheit, und wie man hört, bereitet die Regierung ein Gesetz vor, welches ab 1. Jänner des nächsten Jahres in Kraft treten und die totale Betreuung vorsehen soll. Die Betreuungsdiktatur. Wie das aussehen wird?

1. Jänner besagten Jahres. Herr Berger, 62, steigt aus dem Bett und geht ins Badezimmer. Heftiges Läuten im Korridor. »Nanu?« sagt Berger, geht zur Wohnungstür und schaut durch das Guckloch. Draußen steht eine Lederjacke mit Vollbart. »Sie wünschen?« fragt Berger.

»Ich bin Ihr Zahnbetreuer«, antwortet die Lederjacke.

»Zahnbetreuer? Brauche ich nicht.«

»Das kann jeder sagen. Ich komme von der Zentralen Zahnbetreuungsbehörde. Bitte, öffnen Sie!« Berger öffnet. »Haben Sie nicht gelesen«, fragt die Lederjacke, »daß ab 1.1. alle Personen über sechzig von uns betreut werden? Es stand in allen Zeitungen.«

»Ich lese keine Zeitung«, sagt Berger unwirsch.
»So so!« meint der Mann und kritzelt etwas in ein schwarzes Buch. »Sie brauchen also auch einen Lesebetreuer. Übrigens hier«, er zeigt Berger einen Ausweis, »meine Legitimation.«
Berger bemüht sich, sie zu entziffern. »Haben Sie nicht vielleicht auch einen Augengläserbetreuer?« erkundigt er sich. »Ich weiß nie, wo ich meine Brille hinlege.«
»Spotten Sie nicht«, warnt die Lederjacke, »das könnte sehr unangenehm für Sie werden. Übrigens, ich werde Ihnen einen schicken. Dürfte ich jetzt Ihre Zahnbürste sehen?«
Berger führt ihn in das Badezimmer. Die Lederjacke greift nach der Zahnbürste und fährt mit dem Zeigefinger über die Borsten.
»Die haben Sie seit mindestens sechs Monaten in Gebrauch.«
»Möglich.«
»Möglich? Sicher. Ich bin beeideter Zahnbürstenzeitschätzer. Ich könnte die Bürste auch in unseren Labors untersuchen lassen, dort können sie die Gebrauchszeit auf die Sekunde genau feststellen, aber das brauchen wir nicht. Fort damit!«
Er wirft die Zahnbürste in den Abfallkübel, greift in die Tasche und zieht ein Kärtchen heraus. »Sie besorgen sich noch heute die Zahnbürste Dento 2000. Diese Bürste ist von der Projektgruppe für Zahnhygiene in Zusammenarbeit mit der Arbeitsgemeinschaft für Volksgesundheit in langjährigen Testserien entwikkelt worden. Ihre Pasta? Welche Marke verwenden Sie?«

»Einmal die, einmal die.«
»Schlecht.« Die Lederjacke zieht wieder ein Kärtchen heraus.
»Ab heute verwenden Sie nur Paradont C mit der geprüften HMS-Formel. Für Bürste und Pasta ist nichts zu bezahlen – die Kosten übernimmt der Staat. Wann machen Sie Abendtoilette?«
»Das weiß ich jetzt noch nicht.«
»Dann werde ich es Ihnen sagen. Um genau 19 Uhr 45. Ich komme pünktlich vorbei, um zu sehen, ob Sie bereits die neue Zahnbürste beziehungsweise die neue Zahnpasta haben. Wenn nicht, habe ich Sie zu verwarnen und im Wiederholungsfall zur Anzeige zu bringen. Auf Wiedersehen!«
Die Lederjacke geht. Kaum ist sie draußen, schrillt wieder die Türglocke. Eine Frau, dünn wie ein Speer, wie ihn unsere Sportler beim Speerwerfen verwenden, steht draußen. »Ich bin Ihre Gewichtsbetreuerin«, sagt sie. »Ich komme von der Zentralen Betreuungsstelle für gesundes Körpergewicht.« Sie zeigt ihren Ausweis, Berger läßt sie ein. »Sie haben doch von unserer Aktion in der Zeitung gelesen?«
»Ja«, lügt Berger schnell. Er will keine Verwarnung bekommen.
»Ich hoffe, Sie stehen ihr positiv gegenüber?«
»Sehr positiv. Ich kann Ihnen gar nicht sagen, wie ich mich darüber freue.«
»Haben Sie heute schon Ihre Morgengymnastik gemacht?«
»Morgengymnastik?«
»Sie müssen jeden Morgen Ihre Morgengymnastik machen. Zuerst fünfzig Kniebeugen – –«

»Fünfzig Kniebeugen?« unterbricht Berger sie erschrocken.
»Für den Anfang. Später hundert. Sie haben schließlich fünfeinhalb Kilo Übergewicht.«
»Fünfeinhalb? Ich dachte, nur dreieinhalb.«
»Irrtum. Wir von der Zentralen Gewichtsbehörde wissen das besser. Wir haben alle Ihre Daten im Computer. Von Ihrem Hausarzt. Führen Sie mich in Ihr Badezimmer, ich werde Ihnen sofort die nötigen Anleitungen geben.« Berger führt den Speer ins Badezimmer. »Hände in die Hüften – stützt!« kommandiert der Speer. »Kniebeuge! Eins, zwei, drei, vier –« – Berger macht fünfzig Kniebeugen. »Nun folgen zehn Liegestütze! Eins, zwei, drei, vier, auf, nieder, auf, nieder!« Berger macht zehn Liegestütze. »Legen Sie sich auf den Rücken! Beine hoch! Einmal das rechte, einmal das linke, schneller, höher, schneller, höher, hüpfen, einmal auf dem rechten Bein, einmal auf dem linken, schneller und lockerer – und Grätschstellung und mit den Armen wippen, vorbeugen, Hände bis auf den Boden, schneller und tiefer – das Ganze noch einmal – und schneller und elastischer ...« Berger zerfließt in Schweiß. »Ich kann nicht mehr«, stöhnt er. »Dann genug für heute«, sagt der Speer, »morgen komme ich wieder, da kommen ein paar Übungen dazu. Jetzt auf die Waage! Sehen Sie? Zwölf Gramm weniger. Um 14 Uhr hole ich Sie zum Spaziergang ab und von morgen an wird gejoggt. Hier«, sie gibt ihm ein Kärtchen, »besorgen Sie sich die nötige Ausrüstung. Trainingsanzug, Schuhe etc. Zu bezahlen haben Sie nichts – die Kosten übernimmt der Staat. Auf Wiedersehen!« Sie geht und stößt in der

Tür mit einem Herrn zusammen, dick wie ein Bierfaß nach einer Mastkur.
»Ich bin Ihr Diätbetreuer«, keucht das Bierfaß. »Ich komme von der Zentralen Betreuungsstelle für gesunde Ernährung. Wie wir wissen, verköstigen Sie sich selbst. Haben Sie schon gefrühstückt?«
»Nein«, antwortet Berger verzweifelt. »Ich komme vor lauter Betreuung nicht dazu!«
»Was frühstücken Sie für gewöhnlich?«
»Eine Tasse Kaffee, zwei Semmeln, Butter, Wurst, Käse, ein Ei, Marmelade – –«
»Schluß!« unterbricht ihn das Bierfaß streng. »Sind Sie verrückt? Damit ist es jetzt aus. Ihr Speiseplan sieht ab heute so aus: Zum Frühstück Tee oder Kaffee mit etwas Milch, etwas Knäckebrot mit etwas Margarine, keine tierischen Fette, zu Mittag eine klare Suppe, etwas Fleisch, viel Salate und Obst, einmal in der Woche Rohkost, am Nachmittag etwas Kaffee, keine Mehlspeisen, am Abend leichte Topfengerichte oder eine Gemüseplatte, das Gemüse natürlich nicht eingebrannt, sondern englisch, letztes Essen spätestens um 18 Uhr. Hier«, er übergibt Berger ein Kärtchen, »damit können Sie alles Nötige einkaufen. Zu bezahlen haben Sie nichts – die Kosten übernimmt der Staat.«
Das Bierfaß wälzt sich zur Tür hinaus.
Es kamen noch der Fernsehbetreuer, der Berger die Programme vorschrieb, die er zu sehen hatte, der Kopfschuppenbetreuer, der Hühneraugenbetreuer, der Betreuer von der Zentralen Behörde zur Beseitigung von Frostbeulen, der Blutdruckbetreuer und der Zimmerluftbetreuer. Und alle verabschiedeten sich mit den Worten:

»Zu bezahlen haben Sie nichts – die Kosten übernimmt der Staat.«

Als am Abend der Beamte der Zentralen Behörde für Schlaf und Traum erschien, lag Berger bereits im Bett – tot. Er hatte die vielen Betreuungen nicht ausgehalten.

Der Beamte prüfte seinen Puls, ging zum Telefon, wählte eine Nummer und sprach in den Apparat: »Zentrale Betreuung für Bestattungswesen? Schicken Sie bitte sofort in die Zimtstraße 12, wir haben einen Toten zu betreuen.«

Zu bezahlen hatte die Leiche Berger nichts – die Kosten übernahm der Staat.

Jede Frau braucht zwei Freundinnen, um sich bei der einen über die andere beklagen zu können, denn es ist etwas Seltsames um die Frauenfreundschaft. Die beste Freundin wird oft für die größte Feindin gehalten und die größte Feindin für die beste Freundin.
Und doch muß man sagen: Es gibt auch bei Frauen noch

Richtige Freundschaft

Elsa, Grete und Annemarie waren Freundinnen. Alle drei waren verwitwet und gingen, von verschiedenen Richtungen, auf die Fünfzig zu. Jeden Mittwoch kamen sie bei einer anderen zur Jause zusammen, und jeden Sonntag trafen sie sich im selben Kaffeehaus. Wovon sie sprachen? Von ihren Ehen und wie schön das Leben mit ihren verstorbenen Männern gewesen war. Sollte es ein Leben nach dem Tode geben, und sollten die drei Dahingeschiedenen imstande sein ihre Frauen sehen und hören zu können, würden sie sich wundern. Zu ihren Lebzeiten hatten sie nie so gut von ihnen gesprochen.
Auch die Sommerferien verbrachten Elsa, Grete und Annemarie gemeinsam. Sie fuhren nach Alt-Aussee, dort hatten sie ihre billige Pension, ihre gemeinsamen Bekannten, ihre gewohnten Spaziergänge. So wurden sie immer eigenartiger und betulicher. Elsa war die erste, der das auffiel. Sie drohte auszusteigen. Sie fand es schrecklich, heute schon zu wissen, wo man in zehn Jahren im Sommer spazierengehen, auf welcher Bank man sitzen und wovon man reden wird. Die beiden anderen ließen sich nur schwer überzeugen.
Schließlich meinte Grete: »Vielleicht hat sie recht. Vielleicht sollten wir wirklich unser Leben ändern.«
Annemarie wollte keine Spielverderberin sein, und so beschlossen sie nach langen Beratungen, den nächsten Sommer auf Teneriffa zu verbringen.
Schon die Vorbereitungen waren ein einziges Abenteuer. Den ganzen Winter über gingen sie von Reisebüro zu Reisebüro, zogen Erkundigungen ein, prüften Prospekte und buchten zu guter Letzt einen Charterflug nach Teneriffa sowie vier Wochen Aufenthalt

RANG.

im Hotel »La Playa«, was soviel wie Strandhotel heißt. Natürlich lag es einen Kilometer vom Strand entfernt.

»Was wollen Sie«, sagte der Portier, als sie sich deshalb beschwerten. »Unser Nachbar nennt sein Hotel ›New York‹ und es liegt nicht einmal in Amerika.« Er hatte recht.

Elsa, Grete und Annemarie beschlossen, sich nicht weiter aufzuregen und den Aufenthalt zu genießen. Das Hotel besaß einen Bus, der sie zum Meer und wieder zurück fuhr, das Essen war gut, die Zimmer waren ruhig, die Spaziergänge interessant, sie gingen in den Ort und besichtigten die Schaufenster, sie besuchten den Fischmarkt – es war einmal etwas anderes als das ewige Alt-Aussee.

Eines Tages, es war während des »almuerzos«, also während des Mittagessens, kam der Direktor des Hotels an ihren Tisch und fragte: »Die Señoras haben doch nichts dagegen, wenn ich einen Herrn an Ihrem Tisch Platz nehmen lasse? Sie sehen, wir sind überfüllt.«

Die Señoras hatten zwar etwas dagegen, aber sie sagten es nicht. Im Gegenteil. Sie antworteten höflich: »Aber selbstverständlich! Bringen Sie den Herrn, er stört uns absolut nicht.«

Der Herr kam. Er war ungefähr vierzig, sah gut aus, stellte sich als »Dr. Alfonso Rodriguez« vor und verstand sehr interessant zu plaudern. Nach dem Essen verabschiedete er sich, in der Hoffnung, die Damen am Abend wiederzusehen. Am Abend, als er wiederkam, hatte Elsa eine neue Frisur, Grete einen blauen Augenlidschatten und Annemarie ein betörendes Par-

fum, das sie einmal bekommen, aber niemals gebraucht hatte.
Am nächsten Morgen kam Elsa verspätet zum Frühstück. Sie war im Ort gewesen und hatte sich in der Boutique, die sich dort befand, ein Kleid gekauft.
»Gefällt es euch?« fragte sie kokett. »Ich finde, daß es mich jünger macht.«
»Und wie!« meinte Grete pikiert. »Mindestens um zehn Minuten.«
»Ich finde es reizend«, sagte Annemarie. »So eines habe ich schon vor Jahren getragen.«
Am nächsten Morgen hatte Elsa eine neue Tasche, Grete einen neuen Hut und Annemarie einen neuen Strandanzug. Alfonso lud sie zu einer Spazierfahrt ein. Er war ja auch zum erstenmal auf Teneriffa und wollte sich die Gegend ansehen.
»Ein schöner Nachmittag!« schwärmte Elsa, als sie wieder im Hotel waren.
»Findest du?« fragte Grete spitz.
»Ihr nicht?«
»Er hätte schön sein können«, sagte Annemarie, »wenn ihr beide euch nicht benommen hättet wie die Teenager. Euer ewiges Gekicher, wenn Alfonso eine Bemerkung machte, war einfach enervierend.«
»Unser Gekicher?« ärgerte sich Elsa. »Was hast denn *du* gemacht? Du hast ihm doch Blicke zugeworfen – direkt schamlos.«
»Das ist mir zuviel!« empörte sich Annemarie. »Gute Nacht!« Sie ging auf ihr Zimmer.
»Irgendwie hat sie recht«, meinte nun Grete. »Wir haben wirklich zuviel gekichert.«

»Wir?« regte sich Elsa jetzt auf. »*Du* hast zuviel gekichert.«

Grete stand auf. »Gute Nacht!« sagte sie frostig und ging.

Elsa blieb noch einige Minuten, dann ging auch sie.

So ging es weiter, die ganze Woche hindurch. Die drei kleideten sich immer besser ein, jede wollte die Schönste sein – ihre Männer waren vergessen.

Eines Abends gab Elsa zu erkennen, daß sie vielleicht wieder heiraten werde.

»Wen?« spottete Grete. »Vielleicht Alfonso?«

»Vielleicht«, erwiderte Elsa.

»Und wieso glaubst du, daß er dich heiraten wird?« erkundigte sich Annemarie ironisch.

»Ich sehe doch, was er mir für Augen macht.«

»Dir? Mir!« empörte sich Grete.

»Ihr seid doch wirklich zwei arme Geschöpfe«, sagte Annemarie mitleidig. »Wenn er einer von uns Augen macht, dann bin *ich* es.«

Am nächsten Morgen saßen sie mit ihm beim Frühstück. »Ich mache einen kleinen Spaziergang«, sagte Elsa einladend.

»Ich fahre an den Strand«, sagte Grete ebenso.

»Ich sehe mir auf der Plaza das Volksfest an«, sagte Annemarie – und dann alle drei: »Wollen Sie nicht mitkommen?«

»Leider«, bedauerte Alfonso. »Heute morgen ist es mir nicht möglich.«

»Dann vielleicht später«, sagte Elsa schnell. »Um zehn bin ich in der Kirche.«

»Ich auch«, sagte Grete.

»Ich auch«, sagte Annemarie und setzte hinzu:

»Wir sind nämlich sehr katholisch.«
»Bueno«, meinte Alfonso. »Ich werde auch dort sein.«
Als die drei sich in der Kirche trafen, war er wirklich dort. Er war der neue Pfarrer.

Nun sind sie wieder zu Hause, kommen jeden Mittwoch bei einer andern zur Jause zusammen, treffen sich jeden Sonntag im selben Kaffeehaus und sprechen von ihren Männern. Von Teneriffa, Kirchen und Pfarrern wird *nicht* gesprochen.

Es hat immer Menschen gegeben, die Streit gesucht haben: Landsknechte, Söldner, Cowboys und Ehepaare. Zur letzteren Gruppe gehören mein Freund und Dentist Dr. Wronsky und seine Frau Vera. Bloß: sie suchen den Streit nicht, er läuft ihnen zu. Sobald er vorüber ist, wissen sie nicht mehr, weshalb sie gestritten haben und versöhnen sich wieder. Ehe gut – alles gut.

Der Drohbrief

»Kommt gar nicht in Frage!« sagte Wronsky energisch.
»Und warum nicht?« fragte seine Frau Vera mit einem Unterton, dem man das nahende Gewitter anhörte.
»Weil wir keinen Bungalow brauchen!«
»So! Und warum brauchen dann Robinsons einen Bungalow, Goldmanns einen Bungalow und Spannagls ein Zweithaus mit einem Swimmingpool?«
»Weil Robinsons, Goldmanns und Spannagls sich das leisten können und wir nicht! Außerdem habe ich nicht die Absicht einen Bungalow zu kaufen, nur damit deine Mutter wieder den Sommer über bei uns wohnen kann!«
»Fängst du schon wieder mit meiner Mutter an? Ich möchte bloß wissen, was du gegen sie hast!«
»Nichts habe ich gegen sie. Ich möchte ihr sogar heuer zum Muttertag etwas ganz Besonderes schenken.«
»Was?«
»Dich!«
»Das ist doch die Höhe! Erinnerst du dich nicht mehr, was du zu mir gesagt hast, bevor wir verheiratet waren? Lieber würdest du mit mir in der Hölle leben, als ohne mich im Himmel!«
»Das habe ich ja bewiesen!«
»Wenn ich bedenke, wie viele Männer mich heiraten wollten!«
»*Das* Lied kenne ich! Das ist schon seit zehn Jahren auf der Hitparade!« Er singt nach einer selbstkomponierten Melodie: »Drei Männer wollten mich heiraten!«
»*Vier*, wenn du es genau wissen willst! Auf Egon hatte ich vergessen, bis er mir heuer, zu meinem zweiund-

dreißigsten Geburtstag, eine Karte geschickt hat.«
»Schrecklich! Acht Jahre war die Karte unterwegs?«
»Auch Werner hätte mich geheiratet!«
»Sind fünf.«
»Und Robert!«
»Sind sechs. Was müssen doch Adam und Eva für eine glückliche Ehe geführt haben! Er mußte sich nicht anhören wie viele Männer sie geheiratet hätten – –«
»Und sie«, setzte Vera fort, »mußte sich nicht anhören wie gut seine Mutter gekocht hat!«
»Meine Mutter hat *sehr* gut gekocht!«
»Nicht so gut wie meine!«
»Deshalb ist sie ja auch so übergewichtig.«
»Meine Mutter ist nicht übergewichtig!«
»So? Warum hat ihr dann unser Arzt, Dr. Merzenberger, bei der letzten Untersuchung gesagt, daß sie sich bis zur Taille freimachen soll, wenn sie sich noch erinnern kann, wo die war!«
»Dr. Merzenberger ist ein Flegel, was mich aber nicht wundert, er ist ja dein Freund.«
»Ach, laß mich! Ich habe genug!« Wronsky geht ins Nebenzimmer. Sein Blick fällt auf seinen Schreibtisch. »Was ist das für ein Brief«, ruft er zurück, »der da auf dem Schreibtisch liegt?«
»Ich weiß es nicht«, brummt Vera. »Ein Kind hat ihn vormittags abgegeben.«
»Ein Kind?« Wronsky öffnet den Umschlag und nimmt ein Stück Papier heraus, welches mit aus Zeitungen ausgeschnittenen Buchstaben, Silben und Wörtern beklebt ist. Er liest: »Wenn Sie nicht bis heute abends zehn Millionen Schilling bezahlen, entführen wir Ihre Frau. Geben Sie das Geld in kleinen

Scheinen in einen schwarzen Koffer und deponieren Sie diesen, sobald es dunkel geworden ist, im Stadtpark hinter dem Robert-Stolz-Denkmal. Verlassen Sie dann den Park so schnell Sie können und ohne sich umzusehen, und hüten Sie sich, die Polizei zu verständigen.«

Wronsky wurde bleich, er begann zu zittern. Was sollte er tun? Sollte er Vera von der Drohung Mitteilung machen? Nein. Wozu sollte er sie aufregen? Ob er nicht vielleicht doch die Polizei –? Nein. Die Gangster haben ihn ausdrücklich davor gewarnt, und die meinen es verdammt ernst.

Als es dunkel geworden war, betrat er, einen kleinen schwarzen Koffer in der Hand, den Stadtpark. Er ging bis zum Robert-Stolz-Denkmal, sah sich vorsichtig um und versteckte den Koffer hinter dem Denkmal. Dann verließ er, ohne sich umzusehen, so schnell er konnte den Park, wie es die Entführer verlangt hatten.

Kaum war er außer Sichtweite, traten zwei Männer aus dem Gebüsch, schnappten den Koffer und liefen damit zu einem geparkten Wagen. Dort stiegen sie ein, brausten los, bogen in eine finstere Seitengasse und blieben stehen. »Er hat bezahlt!« jubelte der eine. »Zehn Millionen! Mach auf!« Sie öffneten den Koffer und fanden zu ihrer Enttäuschung nur Bündel von alten Zeitungen, die ihn schwerer machen sollten. »Da ist ein Brief«, sagte der erste wieder. »Vielleicht ist es ein Scheck!«

»Trottel!« sagte der andere. »Da würden sie uns doch sofort schnappen, wenn wir ihn einlösen wollten. Bei Menschenraub verstehen die keinen Spaß.« Er öffnete den Umschlag, nahm den Brief heraus und las: »Sehr geehrte Herren! Teile Ihnen mit, daß ich den geforderten Betrag nicht aufbringen kann, was aber nicht heißen soll, daß ich an dem mir von Ihnen vorgeschlagenen Geschäft nicht interessiert wäre. Teilen Sie mir bitte Ihre geänderten Bedingungen mit. Dr. Wronsky.«

Wie heißt es im »Zigeunerbaron«? Die Liebe, die Liebe ist eine Himmelsmacht!

Wenn ein Affe sich wie ein Mensch benimmt, nennt man es »nachäffen« – benimmt ein Mensch sich wie ein Affe, fällt es niemandem auf.

Äffisches

Otto wollte trotz seiner Jugend Erfolg haben, aber er fürchtete, daß das irgendwie mit Arbeit zusammenhängen könnte.

»Arbeit«, sagte sein Vater, »hat noch keinen umgebracht.« Otto wußte das, aber er wollte nicht das erste Opfer sein. Er wurde Maurer auf einem Bau, aber es war zu hart für ihn. Eines Tages, als er während eines Streiks mit seinen Kollegen das »Lied der Arbeit« singen mußte, bekam er davon einen Leistenbruch. Nun nahm er Schauspielunterricht, in dem Glauben, daß ein Schauspieler bis zur Abendvorstellung im Bett bleiben könne. Als er erfuhr, daß es auch Proben gibt, und zwar schon am Vormittag, ließ er es wieder sein. Der Zufall verschlug ihn zu einem Zirkus. Dort mußte er Pferde striegeln, Löwen füttern, Kamele tränken, Elefanten waschen, das Zelt aufbauen, das Zelt abreißen – es war nicht leicht, aber es gefiel ihm, weil er es liebte, mit Tieren umzugehen. Nach den Vorstellungen saß er mit irgendwelchen Artisten in irgendwelchen Kneipen, und so geschah es, daß ihn der Meisterjongleur Alfredo eines Abends fragte: »Warum baust du dir nicht selbst eine Nummer auf? Kauf' dir einen Schimpansen und richte ihn ab. Ein Affe ist klug. Was immer du ihm vormachst – er macht es dir nach.«

Also ging Otto hin und kaufte sich einen Schimpansen. Er nannte ihn Jimmy. Jimmy war zwar jung, aber sehr gelehrig. Bereits in der ersten Woche zog er sich an und aus, wusch sich und putzte sich die Zähne. Und das war nicht alles. Eines Tages, als Otto nach Hause kam, saß er beim Schreibtisch mit dem Telefonhörer in der Hand. Auch Briefe unterschrieb er,

richtig mit »Jimmy«. Er lernte zeichnen und malen, Kopfstand machen und jonglieren.
»Schau, daß er radfahren lernt«, riet Alfredo. »Es wird nicht leicht sein, Affen haben Angst vor Rädern.« Jimmy nicht.
Otto führte ihn vor das Haus. Er bestieg sein Fahrrad, fuhr einige Male hin und her und stieg ab. Sofort setzte Jimmy sich auf das Rad, riß es hoch, so daß er nur auf dem Hinterrad fuhr, drehte mit affenartiger Geschwindigkeit die Griffstange, daß sich das Vorderrad um die eigene Achse drehte, drehte in dieser Stellung einige Runden, winkte Otto zu und sprang wieder ab. Otto war baff. Nachdem er Jimmy noch einige Kunststücke beigebracht hatte, nahm er ihn in den Zirkus mit, um ihn dem Direktor vorzuführen.
»Eine Affennummer?« brummte der Direktor unfreundlich. »Tut mir leid. Davon gibt es schon zu viele. Was ich brauche, ist etwas Neues. Etwas Nochnichtdagewesenes.« Das Orchester probte mit dem Seiltänzer. Jimmy sah zu, dann nahm er eine Geige, sprang auf das Seil, machte einen Kopfstand und spielte die »Zigeunerweisen« von Sarasate. Die Musiker waren außer sich. Sie applaudierten wie verrückt. Jimmy spielte als Zugabe den »Hexentanz« von Paganini. Man holte den Direktor. Jimmy spielte mit Orchesterbegleitung das »Violinkonzert in a-moll« von Mendelssohn-Bartholdy. Der Direktor wurde halb wahnsinnig. Er bot Otto die höchste Gage, die er je einem Artisten bezahlt hatte – Otto lehnte ab. Er begriff, daß er mit Jimmy ein Genie gekauft hatte. Er dachte nicht daran, sich an einen Zirkus zu binden. Er wird mit Jimmy nach Paris gehen, nach London, nach

New York, in Las Vegas werden sie ihre eigene Show bekommen, Film und Fernsehen werden sie holen, sie werden das ganz große Geld machen, und noch in Jahrzehnten wird man in der Artistenwelt von »Otto & Jimmy« reden wie heute von den Rivels, von Grock und Rastelli. Das mußte gefeiert werden.

Otto ging aus, lachte sich ein Mädchen an, führte es in eine Disco und nahm es mit nach Hause. Dort küßte er es. Kaum hatte Jimmy das gesehen, als er es nachmachen wollte. Schreiend lief das Mädchen davon.

Otto war wütend. »Du dummer Affe!« schrie er Jimmy an. »Was denkst du denn eigentlich? Glaubst du, daß du ein Mensch bist?« Jimmy zuckte zusammen. Er sah Otto an – so hatte dieser noch nie mit ihm gesprochen. Gekränkt zog er sich in eine Ecke zurück.

Am nächsten Morgen, als Otto mit ihm trainieren wollte, saß er noch immer dort. Otto rückte ein hohes Podest mitten in das Zimmer. Er schnalzte mit den Fingern, was für Jimmy ein Zeichen war, hinaufzuspringen, Handstand zu machen und mit den Hinterbeinen zu strampeln. Jimmy bockte. Er dachte nicht daran, den Befehl auszuführen. Otto versuchte es ein zweites, ein drittes Mal – Jimmy trotzte. »Du willst nicht?« fragte Otto aufgebracht. »Gut – dann kriegst du eben heute nichts zu fressen.« Er ging. Am Abend kam er nach Hause, aber anstatt ihn wie gewöhnlich zu begrüßen und auf seinen Arm zu springen, saß Jimmy noch immer in der Ecke und würdigte ihn keines Blickes. Otto ging zu Bett.

Am nächsten Morgen versuchte er es wieder. Er schnalzte mit den Fingern – Jimmy rührte sich nicht.

»Wie du willst«, sagte Otto, »dann kriegst du auch heute nichts. Dich werde ich schon kleinkriegen.« Zur Sicherheit schloß er, ehe er fortging, den Kühlschrank ab.
Als er nach Hause kam, saß Jimmy in seiner Ecke, einen Haufen Bananenschalen vor sich. »Du Bestie!« schrie Otto und stürzte zum Kühlschrank. Der Kühlschrank war versperrt, aber der Schlüssel fehlte. »Wo ist der Schlüssel?« rief Otto wütend. Jimmy grinste. »Wo ist der Schlüssel?« wiederholte Otto drohend, packte Jimmy bei den Schultern und schüttelte ihn. Das war Jimmy zuviel. Seine Augen funkelten unheimlich. Dann lief er zur Eingangstür, versperrte auch diese und warf den Schlüssel aus dem Fenster. Otto sah ihn unten liegen, er schrie um Hilfe, aber niemand hörte ihn. Das Fenster ging auf eine aufgelassene Lagerhalle. Otto eilte zum Telefon – Jimmy hatte das Kabel durchschnitten. Er hatte zu viele Fernsehkrimis gesehen. »Boshafter Affe!« zischte Otto. Er ging zu Bett, aber er konnte nicht schlafen. Er hatte Hunger.
Am Morgen, als er aufstand, aß Jimmy eben wieder eine Banane. »Gib den Schlüssel her!« rief Otto zähneknirschend. »Hörst du? Den Schlüssel zum Kühlschrank!« Jimmy schüttelte den Kopf. Er hatte ihn gut versteckt. »Ich habe Hunger!« schrie Otto. Jimmy hielt ihm eine Banane hin, aber als Otto danach griff, zog er sie blitzschnell zurück und tippte sich mit dem Zeigefinger auf den Kopf, als wollte er sagen: »Idiot! So einfach ist das nicht.« Er schob das Podest ins Zimmer und schnalzte mit den Fingern. Otto sah ihn entgeistert an. Er wird doch nicht glauben, daß er

ihm gehorchen wird? Er legte sich wieder hin, sah Jimmy zu, wie er eine Banane nach der andern verzehrte, ohne zu verraten, wo er sie hernahm. Otto blieb den ganzen Tag im Bett – in der Nacht schlief er wieder nicht. Wird denn niemand kommen, den er bitten könnte, die Tür aufzubrechen? Er hielt es einige Tage aus, dann wurde er schwach vor Hunger. Er stand auf, seine Beine zitterten, sein Magen knurrte. Wieder zeigte Jimmy ihm eine Banane und wieder zog er sie zurück, als Otto danach griff. Stur wies er auf das Podest und schnalzte mit den Fingern. Was blieb Otto andres übrig? Er stieg hinauf, machte einen Handstand und strampelte mit den Beinen. Jimmy nickte zufrieden und gab ihm eine Banane. Dann schnalzte er ein zweites Mal, was bedeutete, daß Otto auf einen Stuhl klettern, sich auf die Lehne setzen und applaudieren solle wie er es ihn, Jimmy, gelehrt hatte. Otto kletterte auf den Stuhl, setzte sich auf die Lehne und applaudierte. Er bekam eine zweite Banane. Jimmy stieg aus dem Fenster, rutschte die Dachrinne hinunter, holte den Türschlüssel und führte Otto vor das Haus. Dort ließ er ihn mehrere Kunststücke auf dem Fahrrad machen, gab ihm eine dritte Banane und streichelte ihn. Nach einigen Tagen, als Otto bereits perfekt auf dem Seil tanzen und dazu Violine spielen konnte, gab Jimmy ihm den Schlüssel zum Kühlschrank, und später, als er das alles im Kopfstand machte, auch den Schlüssel zur Tür.
Aber Otto ging nicht fort. Er dachte nach. Das war doch die neue Nummer, von der die Zirkus- und Varietédirektoren träumten! Das Nochnichtdagewesene! Der Affe als Dompteur und der Mensch als Affe!

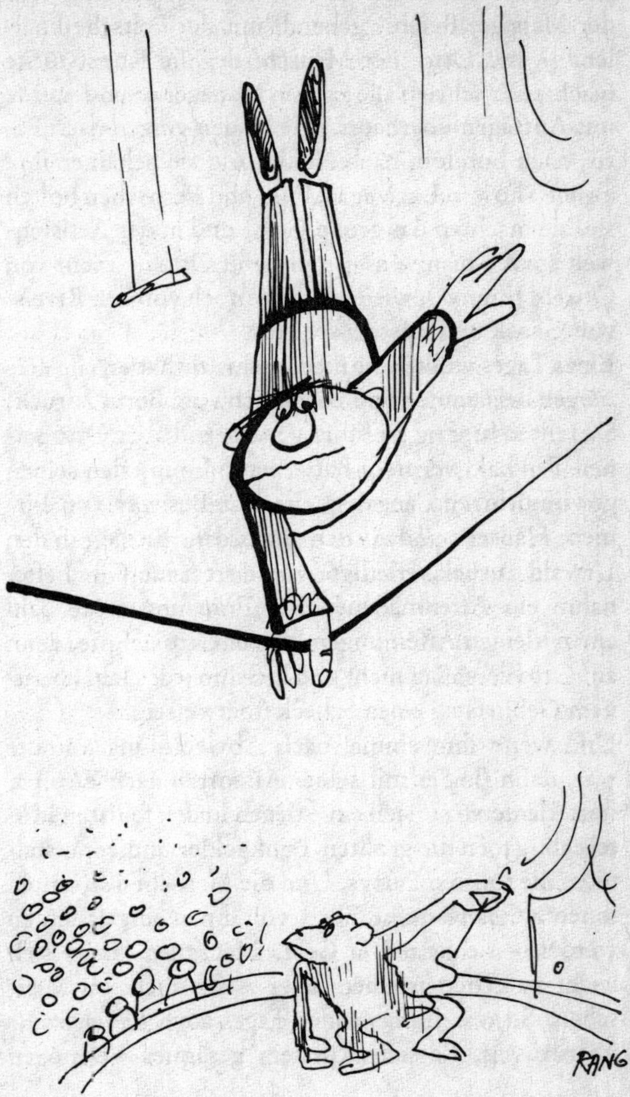
RANG

Jimmy, der Schimpanse, im roten Frack in der Mitte der Manege, Befehle gebend, mit der Peitsche knallend – und Otto, der Mensch, der die Kunststücke machte! Er schrieb alle großen Manager an und wurde mit Anträgen überhäuft. Die beiden gingen nach Paris, nach London, nach New York, sie bekamen ihre eigene Show in Las Vegas; Film und Fernsehen holten sie, sie machten das große Geld, und in der Artistenwelt sprach man von »Jimmy und Otto« – nicht von Otto & Jimmy –, wie man heute noch von den Rivels, von Grock und Rastelli spricht.
Eines Tages wollten sie nicht mehr, sie hatten ein Vermögen beisammen und zogen sich vom Beruf zurück. Sie teilten fünfzig zu fünfzig; während aber Otto seinen Teil bald verpraßt hatte, hatte Jimmy den seinen gewinnbringend angelegt. Er war Besitzer von Firmen, Häusern und Aktien geworden. Er ging in den Urwald zurück, erledigte von dort seine Geschäfte, nahm ein Affenmädchen zur Frau und hatte bald einen kleinen Affenjungen, den er Otto nannte, denn auf Otto vergaß er nicht und ließ ihm jedes Jahr an seinem Geburtstag einen Scheck überweisen.
Und wenn ihm einmal nach Abwechslung zumute war, dann flog er mit seiner Affenfrau nach Europa, dort kleideten sie sich ein, stiegen in den feinsten Hotels ab, gaben die größten Trinkgelder und veranstalteten die tollsten Partys. Und die Menschen strömten ihnen zu, es war eine Ehre, von ihnen eingeladen zu werden – sie hatten ja Geld. Menschen lassen sich leicht zu Affen machen, aber Affen nicht zu Menschen. So war Jimmy eines Tages auch *dieser* Sache überdrüssig. Er schenkte sein gesamtes Vermögen

den Tierschutzverbänden in aller Welt und blieb zu Hause.

»Das ist eben der Unterschied zwischen den Menschen und uns Affen«, belehrte er seinen kleinen Sohn, als er mit ihm durch den Urwald spazierte. »Die Menschen wollen immer mehr haben, während wir Affen mit einer Palme und einer Banane zufrieden sind.«

Das Geheimnis der Zufriedenheit: Der Affe will nicht mehr, als er hat, und daran sollten wir Menschen uns ein Beispiel nehmen. Wenn wir nicht das haben, was wir wollen, sollten wir das wollen, was wir haben.

Gewiegte Leser meiner Bücher werden fragen: Wann kommt die Kaffeehausszene? Darauf sage ich: Jetzt. Auf diese Szene verzichte ich nicht. Sie besteht aus einem Gespräch zwischen zwei Herren, von denen der eine von etwas spricht, wovon er nichts versteht, während der andere glaubt, etwas davon zu verstehen. Die beiden Herren heißen Rott und Jorisch, und das erwähnte Gespräch findet in ihrem Stammkaffee statt. Was ein Stammkaffee ist, glaube ich bereits einmal erklärt zu haben: Ein Stammkaffee ist der Ort, von dem man jeden Tag schwört, daß man zum letztenmal hingeht. Die Gespräche der beiden sind verschiedener Natur. Heute handelt es sich um Glück haben oder nicht, und die Szene heißt:

Der Ring des Polykrates

(Kleines Wiener Kaffeehaus mit einigen Logen, einigen Tischen, einem Kleiderständer, einer Zeitungsablage sowie einer Ausschank, durch die man in die Küche sieht. Der ganze Raum strahlt die heute so selten gewordene Gemütlichkeit aus. An einem der Tische sitzt Herr ROTT, ein etwas cholerischer Mensch.)

ROTT *(ruft ungeduldig)*: Josef! Josef!!

JOSEF *(der Ober, stürzt herein)*: Guten Morgen, Herr Rott! Verzeihung, aber ich habe nicht gewußt, daß Sie da sind. Wir haben in der Küche Radio gehört. Ich sage Ihnen, Herr Rott – diese Werbung! Da hat jetzt einer behauptet, daß der Methusalem noch heute leben würde, wenn er immer Dentathol-Zahnpasta verwendet hätte.

ROTT: Es ist schrecklich. Eine Volksverdummung. Aber was wollen Sie machen? Ein Artikel ohne Werbung ist wie ein Mann, der einem Mädchen im Finstern zublinzelt. *Er* weiß, daß er geblinzelt hat, aber sonst weiß es niemand.

JOSEF: Das stimmt, Herr Rott. Was darf ich bringen?

ROTT: Bringen Sie mir einen Kaffee, aber nicht zu stark, sonst kann ich im Büro nicht schlafen. *(Herr JORISCH, Herrn Rotts Gesprächspartner, tritt ein)*

JORISCH: Guten Morgen!

JOSEF: Guten Morgen, Herr Jorisch!

ROTT: Guten Morgen, Herr Jorisch. Wie ich Sie kenne, werden Sie sich doch wieder zu mir setzen.

JORISCH: Das muß ich mir noch überlegen. Ich habe gehört, daß Sie gesagt haben, daß ich dumm bin.

ROTT: Verzeihung, aber ich habe nicht gewußt, daß das ein Geheimnis ist.

JORISCH *(außer sich, zu Josef)*: Haben Sie gehört?

JOSEF: Der Herr Rott wird das bestimmt nicht so gemeint haben.

JORISCH: Na gut. *(setzt sich)*

JOSEF: Was werden Sie nehmen, Herr Jorisch?

JORISCH: Lassen Sie mich überlegen. Haben Sie kalten Kaffee?

JOSEF: Selbstverständlich.

JORISCH: Eiskalt?

JOSEF: Wie am Nordpol.

JORISCH: Dann wärmen Sie ihn, ich mag keinen kalten Kaffee.

JOSEF *(kopfschüttelnd)*: Also, Herr Jorisch ... *(geht ab)*

JORISCH *(zu Rott)*: Ich sollte ja überhaupt keinen Kaffee trinken. Kaffee ist Gift. Das Herz fängt zu schlagen an, die Schläfen zu hämmern, die Hände zu zittern – und das alles schon, wenn man hört, was er kostet.

ROTT: Sie waren lang nicht da. Waren Sie krank?

JORISCH: Ein blaues Auge habe ich gehabt.

ROTT: Wieso?

JORISCH: Sie wissen doch, daß der junge Neubach von der Hochzeitsreise zurückgekommen ist.

ROTT: Ja. Was hat das mit Ihrem blauen Auge zu tun?

JORISCH: Ich habe ihm geraten zu heiraten.

ROTT: Waren Sie wenigstens beim Arzt?

JORISCH: Nicht direkt. Ich konnte doch mit dem Auge nicht auf die Straße gehen. Zum Glück habe ich noch einen Arzt, der Hausbesuche macht.

ROTT: So einen habe ich auch. Er besucht sein Haus in Tirol, sein Haus in Lugano, sein Haus auf Mallorca ... Was hat er Ihnen verordnet?

JORISCH: Zuerst Umschläge. Drauf ist das Auge violett geworden.

ROTT: Und dann?

JORISCH: Dann hat er mir Tabletten gegeben. Drauf ist das Auge grün geworden.

ROTT: Und dann?

JORISCH: Dann hat uns unsere Nachbarin gesagt, daß das beste für ein blaues Auge kaltes Fleisch ist.

ROTT: Das stimmt. Kaltes Fleisch auf das Auge gelegt.

JORISCH: Das hat sie eben nicht gesagt. Meine Frau hat es mir zu essen gegeben. Drauf ist das Auge schwarz geworden.

ROTT: Das ist doch klar. Wenn man ein blaues Auge hat – –

JORISCH: Ein schwarzes.

ROTT: Das ist doch egal.

JORISCH: Ihnen ist es egal. Wissen Sie, wie so etwas schmerzt?

ROTT: Also gut. Wenn man ein schwarzes Auge hat, nimmt man Beef tartar.

JORISCH: Das hat sie auch nicht gesagt. Meine Frau hat mir eine panierte Leber draufgelegt. Außerdem hat meine Schwiegermutter gesagt, daß Wärme besser ist als Kälte. Drauf hab ich mir die ganze linke Seite verbrannt.

ROTT: Und was haben Sie gemacht?

JORISCH: Ich bin zu einem andern Arzt gegangen, der hat mir eine Brandsalbe verschrieben, drauf ist die Verbrennung gut geworden und das Auge gelb. Aber seit ein paar Tagen ist es in Ordnung.

ROTT: Na also. Und wie geht es Ihnen sonst? Was

macht das Geschäft? Unsere Regierung sagt, daß sich eine Besserung der wirtschaftlichen Lage bemerkbar macht.

JORISCH: Das stimmt. Die Leute stornieren bereits größere Aufträge.

ROTT: Machen Sie sich nicht lustig. Mein Sohn ist doch im Autogeschäft. Der sagt, daß die Leute Autos kaufen wie in den besten Zeiten. Und was das Sonderbare ist, die Nachfrage ist jetzt wieder nach größeren Autos. In Japan sollen sie jetzt ein Auto erzeugen, das so groß ist, daß das Handschuhfach sechs Sitze hat.

JORISCH: Also ich möchte nicht im Handschuhfach sitzen.

ROTT: Ich auch nicht. Ich mache mir überhaupt nichts aus Autos. Wenn meine Frau und ich auf Urlaub fahren, fahren wir immer mit der Bahn. Da setzen wir uns in den Speisewagen, und auf einmal sind wir in Mörbisch.

JORISCH: Sie fahren nach Mörbisch? Am Neusiedlersee?

ROTT: Jeden Sommer. Da gehen wir zu den Seefestspielen ... schauen uns die alten Operetten an ...

JORISCH: Das gefällt Ihnen?

ROTT: Und wie! Oder gibt es etwas Schöneres, als wenn die Gelsen die »Lustige Witwe« summen? Wohin fahren *Sie* im Sommer?

JORISCH: Nach Hofgastein. Aber nur äußerst selten im Speisewagen.

ROTT: Und warum?

JORISCH: Weil man alles verschüttet. Wenn ich im Speisewagen fahre, bestelle ich immer eine Suppe, die zur Hose paßt. *(JOSEF kommt mit zwei Tassen Kaffee und stellt sie auf den Tisch)*

JOSEF: Da ist der Kaffee, meine Herren.

ROTT: Danke, Josef. Heute habe ich Ihre Frau gesehen.

JOSEF: Ah ja? Die ist schon mächtig aufgeregt. Morgen haben wir nämlich unseren dreißigsten Hochzeitstag.

ROTT: Gratuliere! Wie werden Sie ihn feiern?

JOSEF: Durch eine Trauerminute.

ROTT: Dreißig Jahre! Und mein Sohn will nicht heiraten, weil er Angst vor der Ehe hat.

JOSEF: Er soll sich schämen. Vor der Ehe habe ich nicht einmal gewußt, was Angst heißt. *(er geht ab)*

JORISCH: Armer Josef!

ROTT: Das sind doch nur seine Witze. Seine Frau und er leben sehr gut miteinander. Was macht *Ihre* Frau?

JORISCH: Was sie will.

ROTT: Geht sie noch in den Gesangverein?

JORISCH: Nein. Der Chordirektor hat ihr gesagt, weil sie Beine hat wie ein Kanarienvogel, muß sie noch lange nicht singen können.

ROTT: Und Ihr Sohn? Hat er schon einen Job?

JORISCH: Job? *(stolz)* Mein Sohn ist Dichter.

ROTT *(verwundert)*: Dichter? Was dichtet er?

JORISCH: Momentan schreibt er ein Drama: Hamlet.

ROTT: Sind Sie verrückt geworden? Das hat doch schon vor vierhundert Jahren der Shakespeare geschrieben.

JORISCH: Komisch. Dasselbe hat man ihm gesagt, wie er den »Othello« geschrieben hat.

ROTT: Herr Jorisch, wenn Sie so groß wären wie Sie dumm sind, könnten Sie aus der Dachrinne Wasser trinken. Aber lassen wir das. Gedichte schreibt Ihr Sohn keine?

JORISCH: Natürlich schreibt er Gedichte.

ROTT: Was für welche?

JORISCH *(ärgerlich)*: Was für welche! Gedichte, die sich reimen.

ROTT: Also altmodische?

JORISCH: Wieso altmodische?

ROTT: Weil sich moderne Gedichte nicht reimen. Die gehen so: *(rezitiert)* Der Mondschein bleicht auf die Kälber der Wüste – U-Bahnen reiten über Felsengletscher – wann schenkst du dich mir, du herrliches Gnu!

JORISCH: Das ist doch ein Blödsinn!

ROTT: Aber modern ist es. Kennen Sie den »Erlkönig«?

JORISCH: Nicht persönlich.

ROTT *(gereizt)*: Ich meine doch das Gedicht von Goethe! Aber Goethe ist für Sie sowieso zu hoch. Nehmen wir Schiller. Sie wissen doch, daß Schiller ein Dichter war?

JORISCH: Na hören Sie?!

ROTT: Bei Ihnen bin ich mir da nicht so sicher. Aber wenn Sie es wissen, wissen Sie auch, was er geschrieben hat?

JORISCH: Natürlich weiß ich das.

ROTT: Na was?

JORISCH: Was? Der Schiller hat den Dingsda geschrieben ...

ROTT: Das Lied von der Glocke.

JORISCH: Ja. Dann das andere ...

ROTT: Die Kraniche des Ibikus.

JORISCH: Sehr richtig. Dann das ...

ROTT: Die Bürgschaft.

JORISCH: Genau. Sie sehen, wie ich es weiß.

ROTT: Mit allen diesen Gedichten – ich sage das im Interesse Ihres Sohnes – wäre der Schiller heutzutage nicht berühmt geworden. Heute genügt es für einen Dichter nicht, daß er ein Genie ist, heute muß er vor allem Glück haben. Kennen Sie den »Ring des Polykrates«?

JORISCH: Nein. Was ist das für ein Ring? Sie wissen, ich handle mit Schmuck.

ROTT *(gereizt)*: Das ist doch kein Ring, mit dem Sie handeln können! Das ist ein Gedicht von Schiller! *(rezitiert)*: »Er stand auf seines Daches Zinnen und schaute mit vergnügten Sinnen auf das beherrschte Samos hin.«

JORISCH: Wer?

ROTT: Der Polykrates.

JORISCH: Und was ist mit dem Ring?

ROTT: Den wirft er ins Meer, weil er seinem Gast beweisen will, daß er so viel Glück hat, daß er ihn wiederbekommt. Richtig fangen die Sklaven einen Fisch, der Koch schneidet ihn auf, und der Ring ist drinnen. Aber wie ich Sie kenne, werden Sie das bei Schiller nicht verstehen, ich werde Ihnen auf andere Weise erklären, was Glück ist. Nehmen Sie an, ich habe eine Tante, die Tante stirbt und vermacht mir einen Grund in Texas.

JORISCH: Ich kenne doch Ihre Tante. Wie kommt die zu einem Grund in Texas?

ROTT *(gereizt)*: Das ist doch nicht *diese* Tante. Ich habe doch die Tante nur angenommen.

JORISCH: Sie haben eine angenommene Tante?

ROTT *(wütend)*: Nein!!!

JORISCH: Sie machen mich blöd, Herr Rott.

ROTT: Das ist bei Ihnen schwer möglich. Ich will Ihnen erklären, was Glück ist. Soll ich oder soll ich nicht?

JORISCH: Ja. Ich weiß zwar, was Glück ist ...

ROTT: Aber nicht dieses unheimliche Glück, das der Polykrates gehabt hat. *(setzt fort)* Ich habe also eine Tante, die Tante stirbt und vermacht mir einen Grund in Texas, und wissen Sie, was auf dem Grund gefunden wird? Öl!

JORISCH: Das ist doch kein Glück. Was machen Sie mit dem Öl? Salat können Sie machen. Oder wollen Sie sich mit den Ewings einlassen? Oder mit den Carringtons? Die zerbröseln Sie doch zwischen den Fingern.

ROTT: Das überlassen Sie mir. Ich habe also das Öl, kann es aber nicht fördern, weil mir die Geräte fehlen. Da stirbt eine zweite Tante und hinterläßt mir einen Bohrturm.

JORISCH: Ihre Tante hat einen Bohrturm gehabt? Wozu?

ROTT: Das ist Nebensache. Ich habe also jetzt einen Bohrturm, kann das Öl fördern, was mir aber fehlt, ist ein Transportmittel. Da stirbt eine dritte Tante –

JORISCH: Wo nehmen Sie die vielen Tanten her?

ROTT *(mit verhaltener Wut)*: Ich habe Ihnen schon gesagt, das ist Nebensache. Die Tante stirbt, und ich erbe ein Schiff. Was ist *das*?

JORISCH: *Das* ist ein Krimi. Drei Tanten und alle sterben. Da wird sich die Polizei um Sie kümmern.

ROTT: Niemand wird sich kümmern. Ich funktioniere das Schiff auf einen Tanker um, bringe das Öl nach Europa, verkaufe es, kaufe mir für das Geld einen zweiten Tanker, einen dritten – eine ganze Flotte. Was ist *das*?

JORISCH: *Das* ist ein Blödsinn. Was verstehen Sie von einer Flotte? Sind Sie ein Admiral?

ROTT *(wütend)*: Wollen Sie hören, was Glück ist?

JORISCH: Ja.

ROTT: Ich mache mit dem Öl Millionen, Milliarden, zehn, zwanzig! Was ist *das*?

JORISCH: *Das* ist eine Belastung. Zwanzig Milliarden! Haben Sie eine Ahnung? Allein die Steuer!

ROTT: Die stört mich nicht bei meinem Vermögen. Verstehen Sie denn nicht? Das ist Glück! Glück wie es der Polykrates hatte! Aber weiter.

JORISCH: Es stirbt eine vierte Tante – –

ROTT: Niemand stirbt. Im Moment meines höchsten Reichtums kommen *Sie* und wollen mir ein Los verkaufen. Haupttreffer: zehn Millionen Dollar. Ich sage zu Ihnen: »Schauen Sie sich um, Herr Jorisch. Soweit Ihr Auge reicht, gehört alles mir. Wozu brauche ich noch weitere zehn Millionen?« Aber Sie jammern und jeiern, erzählen mir, daß Sie für jedes verkaufte Los eine Provision bekommen – und nur um Ihnen zu helfen, kaufe ich eines.

JORISCH: Das ist schön von Ihnen. Danke.

ROTT: Wissen Sie, was weiter geschieht?

JORISCH: Nein.

ROTT: Am nächsten Tag ist die Ziehung – und wer,

glauben Sie, gewinnt die zehn Millionen? Ich!

JORISCH: Sie?!?

ROTT: Ja.

JORISCH: Das nenne ich Glück!

ROTT: Endlich! Jetzt werden Sie hoffentlich begreifen, daß *alles* Glück war. Drei Tanten sterben, die eine vermacht mir einen Grund mit Öl, die zweite einen Bohrturm, die dritte ein Schiff, ich werde Milliardär --

JORISCH: Ich hoffe, daß Sie mir etwas abgeben von Ihrem Vermögen.

ROTT: Wieso?

JORISCH: Wenn ich vom ersten Moment an verstanden hätte, was Glück ist, hätten Sie es doch nie soweit gebracht. Außerdem habe ich Ihnen das Los mit dem Haupttreffer verkauft.

ROTT: Das stimmt. Sie verdienen eine Belohnung. Was wollen Sie, Sie können wählen: Soll ich Ihnen, solange Sie leben, jedes Jahr eine Rente von zwanzigtausend Dollar anweisen – oder hätten Sie lieber fünftausend Dollar bar auf die Hand?

JORISCH: Fünftausend Dollar bar auf die Hand.

ROTT: Warum das?

JORISCH: Bei dem Glück, das Sie haben, sterbe ich in sechs Monaten, und Sie ersparen sich jedes Jahr die Rente.

Tucholsky sagt: »Der Vorteil der Klugheit besteht darin, daß man sich dummstellen kann. Das Gegenteil ist schon schwieriger.«

Der Komiker Fernandel sagte: »Erst beim Abfassen der Einkommensteuererklärung kommt man dahinter, wieviel Geld man sparen würde, wenn man keines hätte.«
Das ist leicht gesagt. Die Regierung braucht das Geld des Steuerzahlers, weil sie ihre Schulden bezahlen muß, um neue Kredite zu bekommen. Sie muß Einsparungen machen, aber wo? Und weiß sie schon wo, weiß sie nicht wie. Das ist aber nicht Sache des Staatsbürgers, das müssen die Minister herausfinden, und so kam es eines Tages zum

Spargipfel

In Austurika wurde ein außerordentlicher Ministerrat einberufen. Thema: Sparen. Die Regierung hatte zuviel Geld ausgegeben, hatte dem Volk zu viele Geschenke gemacht, und jetzt türmte sich über dem Land ein hoher Schuldenberg. Die gesamte Regierungsmannschaft war versammelt, dazu Experten und Vertreter der Banken. Der Bundeskanzler hielt eine flammende Rede, er appellierte an das Verantwortungsbewußtsein der Politiker, an die Einführung großer Sparmaßnahmen, denn nur so könne man die Zukunft in den Griff bekommen. Die Rede des Kanzlers wurde heftig beklatscht – die Minister waren sich einig.

Die anschließende Debatte eröffnete der Sozialminister. »Ich habe«, begann er, »während der Rede des Herrn Kanzlers so manchen Blick auf mir ruhen gefühlt, und ich habe auch verstanden, was diese Blicke zu bedeuten haben. Darum muß ich jetzt mit aller Deutlichkeit sagen, daß ich einer der ersten war, der den Spargedanken ernstlich ins Auge gefaßt hat. Leider ist mein Ressort nicht der Platz, an dem man mit dem Sparen beginnen kann. Dazu sind die sozialen Errungenschaften zu hart erkämpft worden, und der größte Kampf, das wissen Sie, liegt noch vor uns: die Einstundenwoche bei vollem Lohnbezug. Und wir werden dieses Ziel erreichen, sobald es uns klar ist, wann diese Stunde gearbeitet werden soll: vormittags oder nachmittags. Dieser Kampf kostet Geld, und so verlange ich eher eine Erhöhung als eine Verminderung meines Budgets, aber ich mache einen Vorschlag: Der Ort, wo mit dem Sparen eingesetzt werden könnte, wäre für mich das Verteidigungsministerium. Dort werden die Millionen zum Fenster hinausgeworfen. Unser Land ist ein kleines Land. Ein Angriff ist nicht zu befürchten, und wenn ein Feind käme, wäre er ohnehin nicht aufzuhalten.« Er setzte sich, dafür sprang der Verteidigungsminister auf.

»Unser Land ist ein kleines Land«, griff er die Worte des Sozialministers auf, »trotzdem müssen wir stündlich zu seiner Verteidigung bereit sein. Wir haben in den vergangenen Jahren Millionen für Panzer ausgegeben und nicht zum Fenster hinausgeworfen – jetzt muß die Luftwaffe modernisiert werden. Ich bin mit allen Kürzungen einverstanden, aber nicht in meinem Ressort. Der einzige Platz, wo man sich Geld holen könnte, wäre die Justiz. Müssen die Häftlinge in den Strafanstalten behandelt werden wie Hotelgäste? Ich schlage vor, sie wieder auf Wasser und Brot zu setzen, das würde zu ihrer Besserung beitragen und dem Staat Millionen ersparen.«

»Mittelalter!« fuhr der Justizminister in die Höhe. »Das ist Mittelalter! Wenn meine Häftlinge von Wasser und Brot leben sollen, dann sollen Ihre Soldaten mit Schildern und Lanzen kämpfen, anstatt mit Panzern und Flugzeugen! Ich werde mich weiterhin für einen humanen Strafvollzug einsetzen. Jedem Versuch, mein Budget zu kürzen, würde ich mich energisch widersetzen. Der einzige Platz, wo gespart werden könnte, wären die verstaatlichten Betriebe, in die man Unsummen buttert, obwohl man weiß, daß sie nichts bringen können als Defizite. Mit einer gezielten Planung und einem flexiblen Management könnten dort Milliarden eingespart werden.«

Jetzt ging der Wirtschaftsminister hoch. »Weiß der Herr Justizminister nicht«, fragte er gereizt, »daß sich die Wirtschaft in einem gewaltigen Umstrukturierungsprozeß befindet? Der Fortschritt hat begonnen, und jede Einsparung würde ihn zum Ersticken bringen. Wir haben eben mit der Technisierung und Mechanisierung begonnen. Wenn wir sie weiter ausbauen wollen, müssen die Milliarden in verstärktem Maß zugeschossen werden, sonst bleiben wir auf der Strecke. Eines Tages werden sich die Ausgaben bezahlt machen, was man bei anderen Ressorts nicht sagen kann.« Dabei blickte er auf den Unterrichtsminister, der auch die Kultur und den Sport unter sich hatte. Der Unterrichtsminister sprang sofort auf.
»Ich weiß, was der Blick des Herrn Wirtschaftsministers zu bedeuten hat«, sagte er höchst aufgeregt. »Aber was soll's? Wir sind ein altes Kulturland und genießen als solches großes Ansehen in aller Welt. Wenn man in der Kultur mit dem Sparen beginnen würde, wäre das nicht nur eine Schande für uns, sondern ein Verbrechen an der Menschheit. Gerade in einer technisierten und mechanisierten Welt, wie sie der Herr Wirtschaftsminister propagiert, braucht der Mensch die Kultur. Und der Sport? Sollen wir vielleicht beim Sport Kürzungen vornehmen? Beim Sport, der unserer Jugend die nötige Abhärtung bringt?«
»Was ist schon Abhärtung?« sagte der Außenminister gelassen.
»Das werde ich Ihnen sagen!« brauste der Unterrichtsminister auf. »Haben Sie nie einen Schnupfen?«
»Jedes Jahr einmal.«

SPAREN!

»Da sehen Sie es. Und warum haben Sie Schnupfen? Weil Sie nicht abgehärtet sind. Joggen Sie jeden Tag vor dem Frühstück, turnen Sie, boxen Sie, betreiben Sie Aerobic, duschen Sie kalt bevor Sie zu Bett gehen, nehmen Sie in der Nacht ein heißes Fußbad –«
»Bemühen Sie sich nicht«, unterbrach ihn der Außenminister ruhig. »Bevor ich alles das mache, habe ich lieber einmal im Jahr einen Schnupfen. Auf alle Fälle«, setzte er etwas schärfer hinzu, »möchte ich gleich anmerken, daß man bei mir keine Einsparungen vornehmen kann. Sparen sollte man beim Beton. Das ist das Gebot der Stunde.«
Jetzt sprang der Bautenminister auf. »Ja, lebt denn der Herr Außenminister auf dem Mond?« rief er. »Die Bauwirtschaft pfeift aus dem letzten Loch! Die Kürzung meines Budgets würde wieder eine Menge Arbeitsplätze kosten. Natürlich müßte man, um der Bauwirtschaft wieder auf die Beine zu helfen, geplante Projekte auch ausführen, und das bedeutet, daß man für mein Ressort mehr Geld flüssigmachen müßte und nicht weniger Geld!«
Der Kanzler wischte sich den Schweiß von der Stirne, der Finanzminister bekam einen Schwindelanfall. Der Bautenminister richtete seine Augen auf den Landwirtschaftsminister. Der drehte sich um, um zu schauen, ob nicht jemand anderer gemeint sei, aber nein, es saß niemand hinter ihm. Also erhob er sich und sagte:
»Natürlich! Es geht wieder einmal gegen die Bauern. Das Landwirtschaftsministerium ist am meisten benachteiligt. Hier muß aufgestockt und nicht eingespart werden. Sie, meine Herren, werden nach dem

alten Sprichwort sagen: ›Muß ist ein bitt'res Kraut‹, aber das Kraut gehört nun einmal zu meinem Ressort. Ich brauche mehr Beamte, sonst kommt alles wie Kraut und Rüben durcheinander. Und so wie gegen den Tod kein Kraut gewachsen ist, so ist auch gegen die Armut kein Kraut gewachsen. Natürlich haben wir eine Hoffnung: den Biosprit. Darüber muß aber noch viel geredet werden, und ich sehe vor dem Jahr 1995 keine Möglichkeit, die Sache praktisch auszuwerten. Da müssen noch viele Experimente gemacht werden, und dazu gehört Geld. Vielleicht könnte man aber beim Herrn Forschungsminister –«
»Bei mir?« fiel ihm der Forschungsminister ins Wort. »Ich habe grad soviel, daß ich forschen kann, wieso ich *nichts* habe. Ich würde vorschlagen, daß man beim Gesundheitsministerium etwas einspart.«
Der Gesundheitsminister lachte. Er hatte Humor. »Das Gesundheitsministerium ist krank, meine Herren«, sprach er. »Es leidet an chronischer Schwindsucht. Kaum bekomme ich vom Herrn Finanzminister meinen Budgetanteil, schwindet er dahin. Nehmen Sie nur den Umweltschutz. Keine der vielen Gemeinden will gratis gesund sein. Jede verlangt eine Subvention dafür. Kaum setze ich ein paar Bäume, reißt sie der Herr Bautenminister wieder ab, weil er gerade dort zehn Meter Autobahn baut. Die Autobahnen sind das Schlimmste und Gefährlichste für die Umwelt. Wie überhaupt *alle* Straßen. Wenn es nach mir ginge, würde ich alle Straßen verbieten. Ich würde Bäume pflanzen, und die Menschen müßten lernen, sich wie Tarzan im Urwald mittels Kunststofflianen von einem Baum zum andern zu schwingen. Na-

türlich ohne dabei zu rauchen. PKW, LKW – alles weg. Dann würde auch die unleidliche Parkplatznot ein Ende haben. Aber um solche Ideen durchzusetzen, dazu gehört Geld. Vielleicht kann der Herr Innenminister eine Einsparung vornehmen.«

Der Innenminister lachte. Auch er hatte Humor. »Wo sollte ich Einsparungen vornehmen?« fragte er. »Vielleicht bei der Polizei? Wo unsere Straßen bei Nacht schon so unsicher sind wie bei Tag? Unsere Polizei darf nicht geschwächt werden. Im Gegenteil. Sie gehört verstärkt. Und sie ist tüchtig. Gestern wurde ein Passant von ein paar Strolchen überfallen, und schon in der nächsten Minute hat die Polizei einen von ihnen gehabt.«

»Den, der überfallen worden ist«, lächelte der Gesundheitsminister.

»Scherzen Sie nicht, Herr Kollege!« Der Innenminister wurde ungemütlich. »Mir darf nichts genommen werden, aber ich werde einen Vorschlag machen: Gründen wir ein Sparministerium. Dort könnten wir dann mit dem Sparen beginnen.«

Der Vorschlag wurde angenommen, der Spargipfel wurde als großer Erfolg gefeiert. Für das Sparministerium brauchte man natürlich einen Minister, einen Staatssekretär, einen Sektionschef sowie einige Ministerialräte, viele Bürokräfte, Dienstautos, Chauffeure usw. Die erste Anschaffung, die der neue Minister machte, war, außer dem Ankauf eines passenden Gebäudes sowie der kostspieligen Einrichtung aller Räume, einer der teuersten Computer der Welt. Er sollte dem Sparminister sparen helfen.

»Was, Herr Computer«, fragte der Minister, »könn-

ten Sie uns als allererstes raten? Wo könnten wir die ersten Einsparungen vornehmen?«
Drauf sagte der Computer, er konnte nämlich sprechen, deshalb war der Minister auch per Sie mit ihm: »Geben Sie mich der Firma zurück. Sie können sich mich nicht leisten.«

Das Sparministerium brachte nichts außer einem Slogan: »Spare dein Geld – du weißt nicht, wann es die Regierung brauchen wird.«

Man soll einer Frau vom Anfang an klarmachen, wer der Herr im Haus ist. Es hat keinen Zweck, sich selber zu betrügen. Und wenn deine Frau im Streit sagt: »Sei still!« – dann schlag mit der Faust auf den Tisch und sei still.
Ein chinesisches Sprichwort sagt: »Die Zunge ist der Degen der Frauen. Sie lassen ihn nie rosten.« Frauen sind eben

Frauen

Robinson, Wronsky und Spannagl saßen im Kaffeehaus. Verdrossen, verstimmt, verbittert. Sie hatten Ärger mit ihren Frauen.

»Ich sage euch«, begann Robinson, »wenn ich gewußt hätte, was mich in der Ehe erwartet, hätte ich nicht geheiratet.«

»Du«, meinte Spannagl düster. »Du kannst dich über Mela nicht beklagen.«

»So?« empörte sich Robinson. »Da hättest du hören sollen, wie sie heute beim Frühstück einen Streit vom Zaun gebrochen hat. Wegen nichts.«

»Wegen irgendwas wird es schon gewesen sein«, sagte Spannagl wieder.

»Und ich sage dir, wegen nichts. Bloß, weil ihr plötzlich eingefallen war zu sagen«, er kopiert sie: »Vor der Ehe hast du mich einen Engel genannt und jetzt nennst du mich gar nichts mehr.«

»Und was hast *du* drauf gesagt?«

»Sie soll froh sein, daß ich mich zurückhalten kann.«

»Das ist doch Grund genug. Ich würde meiner Frau niemals eine solche Antwort geben. Dazu schätze ich sie viel zu sehr.«

»Außerdem«, ergriff nun Wronsky das Wort, »muß doch der Sache etwas vorausgegangen sein. Mela wird doch nicht grundlos sagen, daß du sie früher einen Engel genannt hast.«

»Das nicht«, gab Robinson zu. »Sie redet sich wieder einmal ein, daß ich sie mit meiner Sekretärin betrüge.«

»Einreden ist gut«, lachte Spannagl. »Redet sie sich auch ein, daß ich dich am letzten Wochenende mit der Dame am Semmering gesehen habe?«

»Das war beruflich. Ich habe eine Verhandlung gehabt und habe sie als Zeugin gebraucht. Aber was immer ich tue – Mela ist eifersüchtig. Ich hätte sie niemals heiraten dürfen.«

»Warum *hast* du sie dann geheiratet?«

»Weil ich mir nicht mehr leisten konnte, sie auszuführen. Ich habe sie im Sommer kennengelernt – wenn wir da ausgegangen sind, hat sie ein Eis bestellt.«

»Und im Winter?«

»Hat sie auch ein Eis bestellt, aber in einem Kübel, mit einer Sektflasche in der Mitte.«

»Immerhin – Mela hatte einen Grund zum Streiten.«

»Das finde ich auch«, mischte Wronsky sich wieder in das Gespräch. »Aber fragt *mich!* Fragt *mich*, warum Vera heute mit mir gestritten hat.«

»Warum hat Vera mit dir gestritten?« erkundigte sich Spannagl auftragsgemäß.

»Ich weiß es nicht«, zuckte Wronsky mit den Schultern. »Plötzlich, während des Frühstücks, wirft sie mir vor, daß ich ein Spieler bin, und behauptet, daß alle Spieler gottlose Menschen sind – was gar nicht stimmt. Sie sollte einmal einen Spieler hören, wie er betet, damit er gewinnt.«

»Spielst du wirklich?« fragte Robinson verwundert. »Das ist mir noch gar nicht aufgefallen.«

»Ich spiele ja auch nicht«, sagte Wronsky gequält. »Ich gehe hie und da zum Pferderennen – und so war ich auch gestern wieder dort.«

»Und hast verloren«, stellte Robinson fest.

»Ja. Ich verliere immer. Bin ich beim Galoppieren, fängt mein Pferd zu traben an – bin ich beim Traben, galoppiert es.«

»Ins Casino gehst du nicht?« erkundigte sich Spannagl.
»Nie«, erwiderte Wronsky.
Spannagl lachte hämisch. »Dann weiß ich nicht, wieso dich der Wimmer beim Roulette gesehen hat.«
»Das war das einzige Mal. Casinos sind für mich erledigt. Ohne Krawatte darf man nicht hinein, aber drinnen das Hemd verlieren – das darf man.«
»Du spielst also doch«, konstatierte Robinson, »und eurem Streit muß auch etwas vorausgegangen sein, denn so ohne weiters sagt deine Frau nicht, daß du ein Spieler bist.«
»Natürlich ist etwas vorausgegangen«, gab Wronsky, wenn auch ungern, zu. »Ihr wißt doch, daß meine Schwiegermutter acht Tage bei uns gewohnt hat, weil ihre Wohnung hergerichtet wurde. Ich weiß nicht mehr, in welchem Zusammenhang es war, heute, beim Frühstück, sagt meine Frau auf einmal: ›Man schätzt etwas erst, wenn man es verloren hat.‹ Drauf mache ich einen Scherz und sage: ›Das stimmt. Gestern ist deine Mutter ausgezogen, und das schätze ich sehr.‹ Drauf fängt sie zu schreien an und wirft mir vor, daß ich immmer gegen ihre Familie war, daß ich ein Niemand wäre, wenn mir ihr Vater nicht meine zahnärztliche Praxis eingerichtet hätte und so weiter und so weiter.«
»Vera hat also auch einen Grund gehabt«, sagte Spannagl, »aber was soll *ich* sagen? Ich trinke heute meinen Kaffee wie jeden Morgen – plötzlich findet Trude, daß ich zuviel rauche, daß ich mir die teuersten Zigarren kaufe und daß sich das aufhören müsse.«
»Was ist bei *dir* vorausgegangen?« fragte Wronsky.

»Auch nur ein Scherz – so wie bei dir. Trude hat mir erzählt, daß sie ihre Kosmetikerin wechseln wird, weil es in unserer Nähe einen neuen Salon gibt, wo man mehr von Gesichtspflege versteht, daß sie da zweimal in der Woche hingehen muß, daß bei dieser Behandlung garantiert alle Fältchen verschwinden und daß das jedesmal fünfhundert Schilling kostet. Drauf habe ich gesagt, daß da ein Schleier billiger wäre – und schon hat es angefangen.«

»Wir haben also alle drei unseren Frauen Grund zum Streiten gegeben«, meinte Robinson, »und wir haben sie beleidigt, denn, ehrlich gesagt, an eure Scherze glaube ich nicht.«

»Und was das Dumme ist«, setzte Spannagl fort, »heute ist Mittwoch, da treffen sie sich bei deiner Frau zur Jause, und worüber werden sie sprechen? Über uns.«

»Und nicht gut«, sagte Wronsky. Die beiden andern nickten stumm mit den Köpfen.

Sie saßen am Fenster. Da ging ein Mann vorbei, sah sie, zögerte kurz und trat ein. Er war abgehärmt, unrasiert und schlecht gekleidet. Er kam auf ihren Tisch zu. »Sie entschuldigen, meine Herren«, sagte er und wendete sich an Robinson: »Vielleicht erinnern Sie sich noch, Herr Doktor? Sie haben einmal einen Prozeß gegen mich geführt.«

»Ja«, sagte Robinson, nach kurzem Nachdenken, überrascht. »Herr Schwegler, wenn ich nicht irre. Ich habe in einem Konkursverfahren Ihre Gläubiger vertreten.«

»Richtig«, sagte Schwegler traurig. »Sie sehen, was aus mir geworden ist. Versicherungsvertreter. Aber

wer läßt sich heute noch versichern. Und wenn sich einer versichern läßt, dann nicht bei mir. Würden mir die Herren nicht ein paar Schillinge geben, damit ich mir etwas zu essen kaufen und auch meiner Frau etwas nach Hause bringen kann?«
»Setzen Sie sich«, forderte Robinson ihn auf. »Wenn Sie sich etwas zu essen kaufen und auch Ihrer Frau etwas nach Hause bringen wollen, genügt es nicht, wenn Ihnen jeder von uns ein *paar* Schillinge gibt, da müßten wir Ihnen jeder mindestens *hundert* Schilling geben. Wer garantiert uns, daß Sie damit nicht zu einem Mädchen gehen?«
Schwegler lächelte traurig. »Ich habe noch nie ein Mädchen bezahlt – und ich habe meine Frau noch nie betrogen.«
»Dann sind Sie vielleicht ein Spieler«, meinte Wronsky, »und gehen mit den dreihundert Schilling Karten spielen oder zum Pferderennen?«
»Ich habe noch nie eine Karte angerührt«, beteuerte Schwegler, »und war noch nie bei einem Pferderennen.«
»Dann«, sagte nun Spannagl, »sind Sie vielleicht ein passionierter Raucher und kaufen sich für das Geld feine Zigarren?«
»Auch das nicht«, erwiderte Schwegler. »Ich habe noch nie im Leben geraucht. Ich bin von Jugend an Nichtraucher.«
»Lassen Sie uns zusammenfassen«, ergriff Robinson wieder das Wort: »Sie gehen also nicht zu Mädchen?«
»Nein.«
»Sie spielen keine Karten und gehen zu keinem Pferderennen?«

»Nein.«
»Sie rauchen auch keine kostspieligen Zigarren?«
»Nein.«
»Dann mache ich Ihnen einen Vorschlag: Sie bekommen von jedem von uns *fünfhundert* Schilling, unter der Bedingung, daß Sie sofort mit uns zu unseren Frauen gehen. Die drei sollen sehen, wie weit man es bringt, wenn man keine Fehler hat.«

Makellosigkeit ist nicht mehr gefragt. Die Straße, die zur Tugend führt, ist zwar schmal, und doch ist auf der Straße zur Tugend kein solches Gedränge wie im Sommer auf der Gastarbeiterroute nach Jugoslawien.

Ein jahrhundertealtes Sprichwort sagt: »Handwerk hat goldenen Boden«, aber noch nie war der Boden so golden wie heute. Wer heute die Dienste eines Handwerkers benötigt, muß nicht nur die Arbeitszeit bezahlen, sondern auch noch jede angefangene Stunde sowie die Anfahrt vom *bzw. die Rückfahrt* zum *Arbeitsplatz. Das kann teuer kommen. Es ist deshalb kein Wunder, wenn so mancher Privatmann, sobald irgendwas in seiner Wohnung nicht in Ordnung ist, sagt:*

Das mache ich selbst

»Leb wohl«, sagte sie, »und wenn du weggehst, vergiß nicht die Tür abzusperren, das Licht abzudrehen und Jacky sein Futter zu geben.« Jacky war unser Kater, sie war meine Frau. »Und noch etwas«, setzte sie hinzu, »die Tür vom Speisezimmer in den Salon quietscht. Vielleicht kannst du das in Ordnung bringen, während ich weg bin.«
»Selbstverständlich«, sagte ich, »ein paar Tropfen Öl, und es ist erledigt.«
»Okay, auf Wiedersehen, und gib acht auf dich.« Sie ging. Das heißt, sie fuhr. Sie fuhr zur Kur in eine Kneippkuranstalt. Ich war drei Wochen allein. Ich beschloß, wirklich auf mich achtzugeben, mich durch nichts aus meiner Ruhe bringen zu lassen und vor allem früh zu Bett zu gehen und früh aufzustehen. Ein amerikanisches Sprichwort sagt: Der Hahn, der am frühesten aufsteht, fängt den fettesten Wurm. Ich finde, daß dieses Sprichwort keine Moral hat, weil der arme Wurm früher aufgestanden ist als der Hahn, aber that's his business, oder wie man auf deutsch sagt: Das ist sein Bier. Business heißt Bier. Ich beschloß also auf mich achtzugeben und, wie gesagt, mich durch nichts aus meiner Ruhe bringen zu lassen. Ich sah auf die Uhr, es war vier. Um fünf hatte ich mit meinem Freund Dr. Robinson ein Rendezvous in unserem Stammkaffeehaus. Was mache ich bis dahin? An meinem Buch schreiben? Nein. Mich jetzt zur Schreibmaschine zu setzen und mich von einem leeren Blatt Papier hämisch anglotzen zu lassen, wäre das Dümmste, was ich machen könnte. Fällt mir etwas ein und ich muß in einer halben Stunde aufhören, regt es mich auf. Fällt mir *nichts* ein und ich muß in ei-

ner halben Stunde aufhören, regt es mich auch auf, und aufregen will ich mich nicht. Ich hab's! Ich werde die Tür ölen.

»Das Ölen ist des Müllers Lust«, sang ich und ging in die Küche, um das Öl zu holen. Ich weiß zwar nicht, warum gerade das Ölen des Müllers Lust sein sollte, aber ich weiß auch nicht, warum es das Wandern ist. Ich bin überzeugt, daß es Müller gibt, die das Wandern verabscheuen, während es Schuster, Schneider oder Buchbinder geben wird, die ausgesprochene Wandervögel sind. Wo ist das Öl? Hier. Es ist in einer Einliterflasche, und das ist dumm. Ich brauche nur einen Fingerhut voll, und aus einer Einliterflasche einen Fingerhut voll auf eine Türangel zu tropfen ist schwierig. Ich will mich aber nicht aufregen, und ich sehe auch gar keinen Grund dazu. Ich werde einfach ein paar Tropfen aus der Einliterflasche in ein Fläschchen füllen, aber wo ist ein Fläschchen? Es ist doch nicht möglich, daß es in einem Haushalt wie dem unseren kein Fläschchen gibt. Aber es ist so. Es ist *immer* so. Würde ich eine Flasche suchen, fände ich ein Fläschchen, suche ich ein Fläschchen, finde ich nicht einmal eine Flasche. Bei uns ist alles dort, wo man es nicht sucht, und wo es nie wäre, wenn man es suchen würde. Gut, daß ich mich nicht aufrege – da ist ein Fläschchen. Leider ist es nicht ganz leer. Macht nichts, sage ich mir, ich werde den Rest irgendwohin gießen. Aber wohin? Da, in den Azaleentopf, der auf dem Fensterbrett steht. Ich gieße den Inhalt des Fläschchens in den Azaleentopf, worauf die Azaleen in Sekundenschnelle zusammenschrumpfen. Ich stutze. Ich schaue auf das Etikett, das auf dem Fläschchen ist und sehe einen Totenkopf. Gift! Nun fällt es mir ein. In unserem Garten wird seit Wochen gearbeitet, die Ameisen verließen fluchtartig ihre Wohnstätten, sie erklärten uns den Krieg und marschierten, die Mauer hochkriechend, durch unser Fenster direkt in die Küche, weshalb uns der Gärtner den Rat gab, auf dem Fensterbrett eine Giftlinie zu ziehen, die Ameisen werden sie nicht überschreiten. Sie überschritten sie auch nicht, aber sie hatten eine Geheimwaffe, ein Luftgeschwader, welches die Linie überflog und von unserer Küche Besitz ergriff. Meine Frau und ich traten den Rückzug an, wir begradeten die Front und essen seither im Restaurant. Daß sie aber das Gift in der Küche stehen ließ, ist unverzeihlich. Wenn es dem Kind in die Hände gefallen wäre, hätte das größte Unglück passieren können. Wozu rege ich mich aber auf? Wir haben kein Kind, und so kann auch kein Unglück passieren.

Ich fülle das Öl von der Einliterflasche in das Fläschchen, trage es in das Speisezimmer und stelle es auf den Tisch. Dann mache ich die Tür zum Salon einigemale auf und zu, um herauszufinden, welche von den drei Angeln quietscht, die obere, die mittlere oder die untere. Es war die obere. Ich brauche also eine Leiter. Ich gehe in die Küche, nehme die Leiter, will durch die Tür ins Vorzimmer, die Tür ist zu niedrig, ich muß die Leiter waagrecht halten, jetzt komme ich durch, höre hinter mir ein Klirren, drehe mich um und sehe, daß ich mit dem hinteren Ende der Leiter das Fenster eingeschlagen habe. Nicht aufregen, rede ich mir vor Grimm zitternd zu, an der Ecke ist ein Glaser, der mir eine neue Fensterscheibe einsetzen wird.

RANG

Ich trage die Leiter durch das Vorzimmer, will die Kurve in das Speisezimmer nehmen, höre wieder ein Geräusch hinter mir, drehe mich um und sehe, daß das verdammte Ende der verfluchten Leiter den neuen Wandverbau zerkratzt hat. Zerkratzt? Gespalten. Ich fühle, wie mir das Blut zu Kopf steigt, aber ich will mich nicht aufregen. *Ich* werde *nicht* die Ruhe verlieren! Ich nicht! Ich trage die Leiter in das Speisezimmer, stelle sie zur Tür zum Salon, steige hinauf – wo ist das Öl? Unten auf dem Tisch. »Zum Teufel hinein!« fluche ich. Ich weiß, daß man nicht fluchen soll, aber es gibt Situationen, in denen man nicht anders kann. Ich bedaure immer einen Priester, dem im Winter, bei großer Kälte, der Wagen nicht anspringt. Er hat nicht den nötigen Wortschatz. Ich steige hinunter, hole das Öl, steige hinauf, tropfe ein bißchen auf die Türangel und drei bißchen auf meine Hose, rufe wütend »Schei-benkleister!«, steige hinunter, renne ins Badezimmer, drehe das heiße Wasser auf, um den Fleck aus meiner Hose zu waschen und verbrenne mir die Hand. »Au!« schreie ich und laufe zur Hausapotheke. Wo ist die Hausapotheke? Ich weiß, daß wir eine besitzen, aber, zum Kuckuck, wo ist sie? Ich hab's! In der Küche! Ich sause in die Küche, finde die Hausapotheke, trage mir eine Brandsalbe auf, dank meiner Umsicht ist immer alles im Haus, die Brandsalbe brennt, weil es keine Brandsalbe ist, sondern eine Rheumasalbe, Brandsalbe haben wir keine. Ich verbinde mir die Hand, nötigenfalls werde ich später zum Arzt gehen, gehe zurück in das Speisezimmer, steige auf die Leiter und merke, daß man das Öl nicht *auf* die Türangel, sondern *in* die Türangel tropfen muß, ich muß also die Tür aushängen. Ich steige hinunter, versuche es – es geht nicht. »Verdammte Tür!« rufe ich und laufe vor Wut rot an. »Entweder du läßt dich aushängen oder ich zerhacke dich und stecke dich in den Ofen!« Ich ahnte nicht, daß mich die Tür versteht, plötzlich habe ich sie in der Hand, schwanke mit ihr hin und her, sie verfängt sich in den Kristallluster, der Luster fällt herunter und grad auf die Meißner Porzellanschale, die auf dem Tisch steht. Seit Jahren predige ich, daß die vermaledeite Porzellanschale nicht auf den verwünschten Tisch gehört, aber ich habe ja nichts zu sagen. Jetzt ist sie weg. Wutentbrannt nehme ich das Fläschchen mit dem Öl, schleudere es zu Boden, mitten auf den Perserteppich. Der Perser, ein echter Kelim, ist voller Flecken, das Zimmer riecht wie eine Sardinenbüchse, durch den Geruch angelockt, kommt Jacky, der Kater, und leckt an der Seidentapete – und jetzt sehe ich es erst: Die verblödete Seidentapete, die meine Frau eigens aus Paris geholt hat, weil man dort angeblich die schönsten Seidentapeten bekommt, hat auch einige Spritzer abbekommen. Ich lasse alles liegen und stehen und eile ins Kaffeehaus, wo mein Freund Robinson bereits auf mich wartet. Ich erzähle ihm, was geschehen ist.

»In drei Wochen kommt meine Frau zurück«, jammere ich. »Was soll ich bloß tun?«

»Jetzt kannst du nichts mehr tun«, lächelt Robinson schadenfroh. »Ich habe dir oft genug gesagt, daß du unserem ›Do it yourself-Club‹ beitreten sollst.«

»Was hätte mir das genützt?« frage ich unglücklich.

»Sehr viel«, meint Robinson. »Du hättest gelernt, wie man sich in einer solchen Situation benimmt. Wenn *mir* meine Frau sagt, daß bei uns etwas nicht in Ordnung ist und daß ich es reparieren soll, sage ich: ›Do it yourself!‹«

Nach drei Wochen kam meine Frau zurück. Die Fensterscheibe war eingesetzt, der Wandverbau ausgebessert, der Teppich geputzt, der Luster hing wieder an seinem Platz, die Seidentapete, von der noch ein Rest vorhanden gewesen war, war überklebt, die Meißner Porzellanschale neu gekauft worden. Meine Frau fragte: »Was ist mit der Tür?« Die quietscht noch heute.

Unser Fernsehprogramm besteht im Winter aus einem Schirennen, im Sommer aus einem Fußballspiel. Beide Sendungen werden gelegentlich durch Rad- oder Autorennen unterbrochen. Hie und da gibt es auch Unterhaltungs- und Kultursendungen, sehr zum Mißvergnügen unserer Schi- und Fußballfans.
In meiner nächsten Satire geht es weder um Fußballer noch um Schi-, Rad- oder Autofahrer, sondern um eine antike Sportart, welche von Sportforschern entdeckt und wieder ausgegraben wurde.
Es handelt sich um das Tempelhüpfen und, im Zusammenhang damit, natürlich auch um

Die Tempelhüpfer

Erinnern Sie sich noch an das »Tempelhüpfen«? Kinder, meist kleine Mädchen, spielten es auf den Gehsteigen oder in den Parkanlagen. Das Spielfeld sah ungefähr so aus:

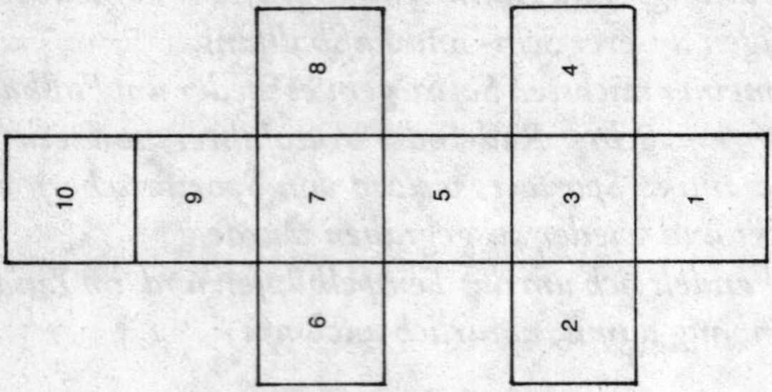

Man zeichnete es mit Kreide auf den Boden, warf einen Stein in das Spielfeld, so daß er in einer der numerierten Flächen liegen blieb, hüpfte in das betreffende Feld, Feld 2 und 4, 6 und 8 mit gespreizten Beinen, die übrigen auf einem Bein. Auf einem Bein stehend, hob man auch den Stein auf, hüpfte bis 10 und wieder zurück. Die Zahl des Feldes, auf dem der Stein zu liegen gekommen war, galt bei Gelingen als Plus-, bei Mißlingen als Minuspunkt. So einfach war das. Da geschah es, daß in dem kleinen Staat Austurika ein Forscher zwei kleine Mädchen beim Tempelhüpfen beobachtete. Wie, fragte er sich, mag dieses Spiel entstanden sein? Und es gelang ihm nachzuweisen, daß das Tempelhüpfen bereits in der frühesten Bronzezeit existiert hatte. Man fand zahlreiche Gräber mit mancherlei Grabbeigaben, z. B. Bärenfellen, die, ihrer Form zufolge, als Fußbekleidung gedient haben dürften. Warum aber fand man bei jedem Toten nur *ein*

solches Fell, obwohl der Bestattete *zwei* Füße gehabt hatte? Der Forscher hatte es bald herausgefunden: um den Fuß des Trägers zu schützen, und zwar den rechten Fuß. Bei welcher Gelegenheit aber wird der rechte Fuß mehr gefordert als der linke? Beim Tempelhüpfen. Symbole und Höhlenzeichnungen machten es bald klar, daß bereits viel früher schon die austurikanischen Steinzeitjäger neben der Pirsch dem Tempelhüpfen gehuldigt hatten.

Seine erste, exakt nachweisbare Blütezeit erlebte das Tempelhüpfen in Austurika im Mittelalter. Die hohen und hehren Tugenden der austurikanischen Ritterschaft kamen den Tempelhüpfern sehr zugute. An langen Winterabenden hüpften sie, von holden Edeldamen auf der Harfe begleitet, vor Kaisern und Königen, und wandernde Minnesänger trugen die Kunde von ihrer Kunst von Burg zu Burg. Die besten von ihnen schlossen sich zu einem Ritterorden zusammen und nannten sich »Tempelhüpfer« oder kurz »Templer«. Leider sind uns aus dieser Zeit nur wenige Namen von großen Tempelhüpfern überliefert worden. Aus Dokumenten kennen wir nur Wilhelm den Überharten und Berthold den Konditionsreichen. Beide gründeten auf ihren ausgedehnten Ländereien zahlreiche Klöster, die noch heute manch kostbare Reliquie von Tempelhüpfhelden bewahren, wie die berühmte Nase Gebhards des Einsatzfreudigen und die große Zehe Guido des Springers. Beide waren beim Spiel gestürzt und hatten sich das Nasenbein bzw. die große Zehe gebrochen.

Nach der Blütezeit des austurikanischen Tempelhüpfens im Mittelalter erfolgte der erste Niedergang mit

dem Aufkommen der Renaissance. Erst die Barockzeit brachte wieder eine Wende. Man besann sich wieder auf die asketischen Tugenden, das Spiel wurde wieder intensiviert, es ging wieder aufwärts. Austurikanische Kaiser und Könige unterstützten wieder hochherzig die Gemeinschaften der Tempelhüpfer. Fürst Carolus Leopoldus Ulrich von Bartenstein zog die Anfangsbuchstaben seines Namens zu einem Wort zusammen und nannte seine Gemeinschaft: Club. Zum erstenmal in der Geschichte taucht dieses Wort auf. Die Herrscher setzten horrende Siegesprämien aus, welche die Barocktempelhüpfer zu unglaublichen Höchstleistungen anspornten. Austurikas Ruf als Tempelhüpfernation drang über die Weltmeere. Bald spielte Club gegen Club, Land gegen Land, und fremde Völker kauften um Truhen voller Dukaten austurikanische Spieler ein, die ihnen helfen sollten, die Weltmeisterschaft, denn das gab es bereits, zu gewinnen. Austurikaner hüpften in aller Herren Länder, und das Vaterland zeigte sich dankbar dafür. Zahlreiche Barocktempelhüpfer brachten es zu unermeßlichem Reichtum.
Der zweite, noch schlimmere Niedergang des austurikanischen Tempelhüpfens kam mit der französischen Aufklärung. Erst die Restaurationszeit brachte wieder einen Aufschwung. Das Spiel wurde zum Sport, der aber nur von den gehobenen Kreisen der austurikanischen Gesellschaft betrieben wurde.
Der Erste Weltkrieg kam und ging. Austurika wurde Republik. Gewaltige gesellschaftliche Veränderungen vollzogen sich. Grandiose Talente wuchsen aus dem Volk. Fußballer, Schi- und Autorennfahrer

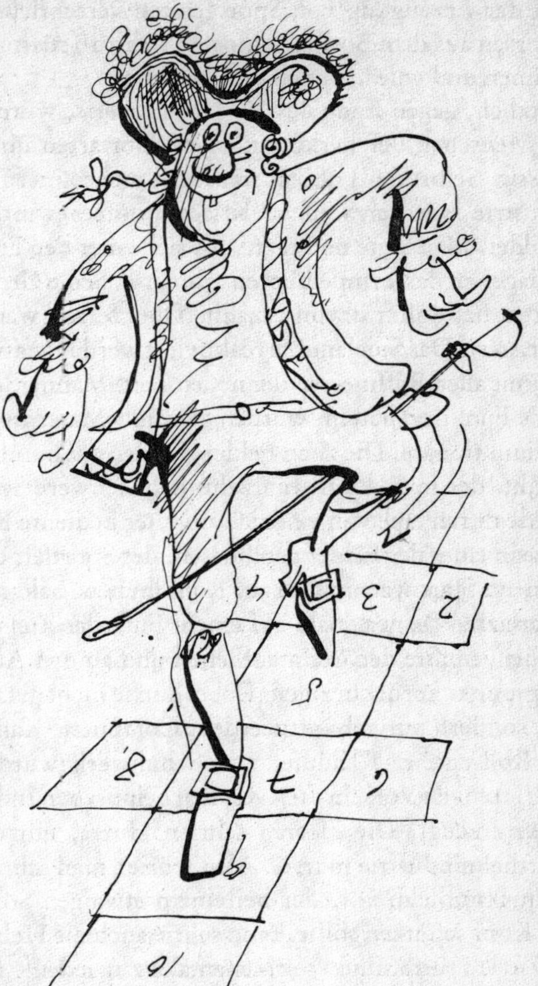
RANG

machten das Land weltweit berühmt. Industrien, die sich der Erzeugung von Sportgeräten verschrieben, schossen aus dem Boden, schlossen sich zu Trusts zusammen und wurden reich und mächtig.
Plötzlich, gegen Ende des 20. Jahrhunderts, wurden die Menschen der herkömmlichen Sportarten überdrüssig. Selbst der Fußball war nicht mehr »in«. Die Industrie war verzweifelt. Krisenkomitees wurden gebildet. Man tagte und tagte, bis sich einer der Topmanager an das Tempelhüpfen erinnerte. Seine Großmutter hatte ihm davon erzählt. Die Herren waren begeistert. Das Spiel mußte reaktiviert werden, natürlich mit allen Raffinessen der neuen Zeit. Männer, die keine Funktion hatten, wurden gewählt. Man nannte sie Funktionäre. Die zehn Felder wurden auf hundert erhöht, der in Zukunft fünfzehn Kilo schwere Stein wurde durch eine von einem Computer bediente Kanone in eines der Felder geschossen, der Sportler, der eben am Start war, mußte auf Rollschuhen, bald mit gespreizten Beinen, bald auf einem Fuß, das Ziel erreichen, mußte den Stein aufheben und an den Ausgangspunkt zurückbringen. Dabei durfte nicht gefahren, sondern nur gehüpft werden. Computer, Kanone, Rollschuhe, Kleidung und Schuhwerk wurden nach strengen Vorschriften von den heimischen Industrien erzeugt. Die Herren schrien Hurra, nur die Sporthelmindustrie murrte. Also schrieb man schnell einen Hüpfhelm vor, der bei einem etwaigen Sturz den Kopf schützen sollte. Nun schrie auch die Helmindustrie Hurra, und es schienen alle zufrieden – bis auf die Glasindustrie.
Das Volk nahm den neuen Sport mit Begeisterung

auf. Von den Windeln weg wurden die Kinder zum Tempelhüpfen erzogen. Es gab sogar ein sportmedizinisch ausgeklügeltes Baby-body-building in Austurika, bei dem alle für das Tempelhüpfen wichtigen Muskelpartien durch konsequentes Training frühzeitig ausgebildet wurden.
Austurika stellte sämtliche Weltmeister und Olympiasieger. Am 1. Mai sowie an hohen Staatsfeiertagen hüpften Bundeskanzler und Minister mit, war doch das Tempelhüpfen zum großen Geschäft geworden. Die ganze Welt riß sich um austurikanisches Tempelhüpfmaterial, die damit befaßte Industrie kletterte auf dem aufsteigenden Ast herum.
Dann kam die Katastrophe. Austurika wurde bei der letzten Weltmeisterschaft von Triadien, einer bisher im Tempelhüpfen unbedeutenden Nation, geschlagen. Austurika war am Boden zerstört. Schaufenster wurden eingeschlagen, Autos in Brand gesteckt.
»Macht ein Ende!« rief ein Prophet. »Haltet euch einen Spiegel vors Gesicht, damit ihr seht, wie weit euch der Götze Sport getrieben hat!« Jeder kaufte sich einen Spiegel – da schrie auch die Glasindustrie Hurra –, aber keiner konnte eine Veränderung finden. Die Regierung wurde gestürzt, eine tempelhüpffreundlichere wurde eingesetzt. Ein Journalist deckte den Hergang des nationalen Unglücks auf: Während man in Austuirika erst die Babies trainierte, habe man in Triadien mit dem Training bereits im Mutterleib begonnen. Die werdenden Mütter wurden einem präzisen Programm unterzogen, wodurch die Babies mit ausgesprochenen Hüpfmuskeln zur Welt kamen.
Auf den Couchen der austurikanischen Psychiater

türmten sich die Heilungsuchenden. Sie hatten durch das schreckliche Versagen des Teams nationale Minderwertigkeitskomplexe bekommen. Die austurikanischen Nationalhüpfer wieder trauten sich nach ihrer Niederlage nicht mehr in ihre Heimat zurück. Sie versteckten sich im Ausland, nur ein paar, die an ihren Familien hingen, ließen sich ihr Gesicht umoperieren und kehrten nach Austurika zurück.
Da ließ sich die austurikanische Tempelhüpfindustrie vernehmen: »Wozu das Gejammer?« rief sie. »Triadien hat den Sieg nur errungen, weil es unser austurikanisches Tempelhüpfmaterial verwendet hat! Ihr Sieg ist auch unser Sieg!«
Da freuten sich die Austurikaner. Neue junge Hüpfer wurden gefunden, und bei der nächsten Olympiade erreichte Austurika in der Tempelhüpfdisziplin eine goldene, eine silberne und eine bronzene Medaille. Die Menschen umarmten sich in den Straßen, und als die Sieger zurückkehrten, wurden sie von der Regierung empfangen, die Blasmusiken spielten, die Bürgermeister ihrer Heimatgemeinden widmeten ihnen Häuser mit Grund und Boden – Austurika hatte sich wiedergefunden.

Der Sport macht die Menschen verrückt – nicht nur in Austurika. Er ist schön, solange es sich um Amateure handelt. Aber schauen Sie sich z. B. einen unserer Profifußballer an. Er stoppt den Ball, spielt ihn zu, kämpft um ihn, trachtet ihn ins Tor zu schießen – und rennt dabei immer wieder zur Seite, um zu erfahren, ob nicht inzwischen ein besseres finanzielles Angebot für ihn eingelangt ist.

Sie kennen meinen Freund Joschi. Ich habe ihn schon in einigen meiner Bücher vorgestellt. Ich will es heute noch einmal tun. Wie im TV. Für Spätereinsteigende. Also?

Mein Freund Joschi

Haben Sie schon etwas von Vorschußlorbeeren gehört? Mein Freund Joschi lebt davon. Joschi hat die tollsten Einfälle. Er muß sie haben – er ist Schriftsteller. Joschi schreibt Theaterstücke, Filmmanuskripte, Fernsehspiele und Briefe an seinen Onkel, den er um Geld bittet. Leider ist unsere Post sehr schlecht. Joschi bekommt seit Monaten keine Antwort.
Heute komme ich nach längerer Zeit wieder einmal ins Kaffeehaus. Der erste Gast, der mir in die Augen fällt, ist Joschi. Stolz sitzt er da, als ob er eben die Weltrechte seiner Gesammelten Werke an einen amerikanischen Superverlag verkauft hätte.
»Servus«, sage ich und setze mich zu ihm. »Du siehst so ausgesorgt aus. Was ist los?«
»Ich habe eben einen großen Auftrag bekommen«, antwortet er blasiert. »Eine Fernsehserie, dreizehn Folgen, über das Leben von Rudolf Brun.«
»Fein«, sage ich bewundernd. »Gratuliere! Eine interessante Aufgabe.«
»Sehr interessant.«
»Gut bezahlt?«
»Es geht. Du kennst ja die Fernsehhonorare. Fünfzigtausend pro Folge, sind bei dreizehn Folgen sechshundertfünfzigtausend.«
»Vorschuß?«
»Zwanzigtausend für den Entwurf. Drei Seiten. Wird die Sache nicht gedreht, gehören die zwanzigtausend mir. Ich bin aber überzeugt, daß sie gedreht wird.«
»Hast du schon eine Ahnung, wie du es angehst?«
»Ich habe es mir eben überlegt.«
»Wird nicht leicht sein«, sage ich.
»Nein. Wenn es leicht wäre, würden sie nicht ein sol-

ches Honorar bezahlen. Ich habe, Gott sei Dank, freie Hand. Ich muß mich nicht streng an die Fakten halten. Rudolf Brun soll zwar der Mittelpunkt sein, ich kann aber um ihn herum eine kleine Spielhandlung bauen. Natürlich muß ich die Zeit einfangen, die Umwelt, die Mitmenschen, die Mode ...«

»Die Musik«, ergänze ich.

»Die vor allem. An der Musik darf ich nicht vorbeigehen. Die Musik ist ein Hauptanliegen der Produktionsfirma, für die ich die Serie schreibe.«

»Mozart?« frage ich.

»Vielleicht. Mozart ist immer gut. Ich könnte aber auch Chopin nehmen. Vielleicht Palestrina.«

»So weit willst du zurückgehen?«

»Ich sagte vielleicht. Ich habe mich noch nicht entschieden. Ich muß mich erst mit dem Leben Rudolf Bruns vertraut machen. Mit seinen Eltern, mit seinen Großeltern ...«

»Mit seinen Frauen«, erinnere ich ihn.

»Das auf alle Fälle«, antwortet Joschi ein bißchen mitleidig. Mitleidig, weil ich annehme, daß er nicht von selbst auf die Frauen Rudolf Bruns gekommen wäre.

»Frauen«, meine ich, »sind bei einer solchen Geschichte immer wichtig.«

»Immer«, stimmt Joschi mir bei.

»Auch sein Lebensstil«, sage ich. »Brun hat sicher ein tolles Leben geführt.«

»Zeitweise«, meint Joschi. »Dann gab es wieder Zeiten, in denen er sich von der Welt zurückzog und nur seiner Bestimmung lebte.«

»Seiner Berufung.«

»Ja.«

»Ich beneide dich um diesen Auftrag. Es muß herrlich sein, das Leben eines solchen Mannes erforschen zu können.«
»Da hast du recht. Ich bin auch sehr stolz darauf, daß man gerade mich mit dieser Aufgabe betraut hat.«
»Das kann ich verstehen. Ich hätte nur *eine* Frage.«
»Und zwar?«
»Wer war dieser Rudolf Brun?«
Drauf Joschi: »Keine Ahnung.«

Wir fanden ihn in keinem Lexikon, in keiner Bibliothek, es gab keine Rudolf Brun-Experten, die uns hätten Auskunft geben können. Joschi mußte auf die Serie verzichten, weil auch der Produzent, der ihm den Auftrag gegeben hatte, nicht wußte, wer Rudolf Brun war. Er hatte ihn wieder von einem andern bekommen, der sich auf *ihn* verlassen hatte, *er* hatte sich auf Joschi verlassen und Joschi auf mich. Wer war Rudolf Brun wirklich? War er ein Musiker, ein Maler, ein Schöngeist, ein Eishockeyspieler oder ein Fußballer? Durch Zufall erfuhr ich es, als ich einmal gezwungen war, in Steins »Kulturfahrplan« zu blättern. Da stand unter der Jahreszahl 1336: »Unter Führung des Ritters Rudolf Brun stürzen die Zünfte die Vorherrschaft der Großgrundbesitzer und Großkaufleute in Zürich.« Und das soll man wissen! Dafür gibt das Fernsehen Geld aus. Ich bin froh, daß ich mir aus dem ganzen Fernsehen nichts mache. Bei mir gibt es keinen Videorecorder, keine Videokamera, keine Videofilme. Ich habe einen Apparat, der so alt ist, daß ich heute noch den »Goldenen Schuß« sehe.

»Arbeit ist etwas Unnatürliches«, sagten schon die alten Germanen, während sie auf ihren Bärenfellen lagen und ein aus Hopfen und Gerste erzeugtes Getränk zu sich nahmen. Es hieß Bier. Bier macht müde, was auch nicht zu ihrer Arbeitslust beitrug. Hatten sie Hunger, setzten sich einige von ihnen ihre mit Ochsenhörnern verzierten Helme auf und gingen jagen. Sie wußten nicht, daß es Jahrtausende später, als ihre Nachfahren bereits ein emsiges Volk geworden waren, immer noch und immer mehr Menschen geben wird, die sich den Kopf darüber zerbrechen,

Wie man sich vor der Arbeit drücken kann

Nicht gelogen: In Japan ist ein von zehn Sekretärinnen geschriebenes Buch erschienen, das dem Leser beibringt, wie man sich mit Erfolg vor der Arbeit drückt. Das Buch wurde zum Bestseller. Schließlich gibt es viele Menschen, die es interessiert zu wissen, wie man den ganzen Tag faulenzen kann und trotzdem den Eindruck erweckt, fleißig zu sein. Da dieses Buch in Europa noch nicht auf dem Markt ist, habe ich mir gedacht, ich könnte bis dahin einen kleinen Auszug daraus bringen, um Arbeitsunwilligen schon jetzt kleine Ratschläge zu erteilen, wie sie sich erfolgreich vor der Arbeit drücken können, ohne daß es der Boß merkt. Ich habe meinen Auszug sogar mit kleinen Beispielen versehen, was in dem Buch der zehn Sekretärinnen, wie ich glaube, nicht der Fall ist. Beispiel eins: Stellen Sie sich dumm, wenn Ihr Chef etwas von Ihnen verlangt, aber nicht so dumm, daß es für ihn ein Grund wäre, Sie zu entlassen.
Nehmen wir an, der Chef ruft Sie in sein Büro. Nehmen Sie Stenoblock und Kugelschreiber, alles das ziemlich langsam, und begeben Sie sich, mit den Hüften wippend, in das Allerheiligste. Dort setzen Sie sich auf einen Stuhl und schlagen die Beine übereinander. All das zusammen kostet ihn bereits einige Minuten, ohne daß er merkt, daß Sie bis jetzt überhaupt nichts getan haben.
»Schreiben Sie, Fräulein«, beginnt er. »An Bogatsch & Co. Das Datum?« Er blickt auf den Kalender. »Neunzehnter.«
»Dieses?« fragen Sie langsam.
»Natürlich dieses«, sagt der Chef. Er sagt es nicht unwillig, weil er noch immer in das Betrachten Ihrer

RANG

Beine versunken ist. Noch immer haben Sie nichts gearbeitet.
»Also dieses«, wiederholen Sie und schreiben: »19. Mai.« (Das ist nur ein Beispiel. Sollte es der 18. Juni sein, müssen Sie natürlich 18. Juni schreiben.) »An wen geht der Brief?« fragen Sie langsam.
»An Bogatsch & Co. Habe ich das nicht gesagt?«
»Nein«, antworten Sie unschuldig, obwohl Sie genau wissen, daß er es gesagt hat.
»Verzeihung, ich dachte ...«
»Bitte, bitte, Herr Chef. Bogatsch mit weichem g?« fragen Sie.
»Ja«, wundert er sich. »Das ist doch nicht der erste Brief, den Sie an diese Firma schreiben.« Er diktiert: »Sehr geehrte Herren!«
»Entschuldigen, Herr Chef, ist das nicht ein Irrtum? Ich glaube, daß die Witwe des Herrn Bogatsch nach dem Tod Ihres Mannes in die Firma eingestiegen ist. Das müßte dann heißen: ›Sehr geehrter Herr! Sehr geehrte Frau Bogatsch!‹« In diesem Moment wechseln Sie die Beine, das heißt, daß Sie, wenn Sie bis jetzt das rechte Bein über das linke geschlagen hatten, nunmehr das linke über das rechte schlagen. Das lenkt den Chef wieder ab.
»Was für eine Witwe? Nach was für einem Tod?« wird er etwas abwesend fragen. »Bogatsch lebt doch noch. Ich war gestern mit ihm essen.«
»Verzeihung!« sagen Sie untröstlich. »Ich meinte Feuerberger. Ich verwechsle die beiden immer. Die Namen Bogatsch und Feuerberger sind auch zu ähnlich.« Schnell wieder Beine wechseln, bevor der Chef ärgerlich werden könnte.

»Na, ist ja schon gut«, wird er Sie trösten. »Deshalb brauchen Sie ja nicht gleich verzweifelt zu sein. Schreiben Sie bitte weiter.«
Sie haben noch immer nichts gearbeitet. Wenn Sie das einigemale am Tag so machen, haben Sie sich mindestens eine halbe Stunde vor der Arbeit gedrückt.
Beispiel zwei: Bringen Sie Ihren Chef auf Familie und Hobby. Er wird Ihnen mit einer solchen Begeisterung antworten, daß Sie bestimmt eine Stunde Arbeitspause haben.
Angenommen, der Chef ruft Sie in sein Büro. Gehen Sie schnell hinein und sagen Sie, um Entschuldigung bittend: »Verzeihung, Herr Chef, ich habe mich heute um zwei Minuten verspätet. Meine Mutter ist in Urlaub, und ich mußte mich um meinen kleinen Bruder kümmern.«
»Sie haben einen kleinen Bruder?« fragt der Chef freundlich. »Ich habe auch einen kleinen Jungen. Wie alt ist Ihr Bruder?«
»Zwei Jahre.«
»Mein Junge ist vier«, sagt er und zeigt Ihnen ein Photo, das auf seinem Schreibtisch steht.
»Süß!« rufen Sie aus. »Wie heißt er?«
»Hans-Dieter.«
»Mein Bruder heißt Michael.« Einen Schmarrn heißt er. Sie haben gar keinen Bruder, aber Sie wissen, daß Ihr Chef äußerst kinderliebend ist.
»Er ist ja so klug, der Kleine!« sagt der Chef und betrachtet verklärt das Photo, das Sie ihm zurückgegeben haben. »Neulich habe ich ihm das Märchen von ›Schneewittchen‹ erzählt und habe ihn aufgefordert, es nachzuerzählen, worauf er begonnen hat: ›Es war

einmal ein König und eine Königin und eine Tochter aus erster Ehe.‹« Er lacht. Sie lachen natürlich mit, erstens wird ihn das freuen und zweitens brauchen Sie, wenn Sie lachen, nicht zu arbeiten. »Durch den Jungen«, setzt Ihr Chef fort, »komme ich fast gar nicht mehr zu meinem Hobby.«

»Sie haben ein Hobby, Herr Chef?«

»Ja«, entgegnet er. »Pflanzen.«

»Wie schön!« sagen Sie entzückt.

»Ich meine keine gewöhnlichen Pflanzen. Was mich interessiert, sind fleischfressende Pflanzen. Ich habe vor, wenn ich einmal in Pension bin, alle jene Länder abzureisen, in welchen fleischfressende Pflanzen vorkommen.«

»Diese Pflanzen fressen wirklich Fleisch?« fragen Sie und tun sehr interessiert.

»Ja. Kleine Tiere, die sie anlocken und verdauen.« Es beginnt, sie zu ekeln. »Was mich besonders fasziniert«, setzt der Chef fort, »ist das Fettkraut. Das Fettkraut besitzt nämlich eine Klebfalle. Die Blattoberseite hat Haare mit klebrigen Düsenköpfchen und rollt sich über dem Opfer ein.« Ihnen wird übel.

»Andere«, erzählt der Chef weiter, »haben Klappfallen. Die Blätter dieser Pflanzen besitzen Tastborsten, und sobald sich ein Tier draufsetzt, klappen sie zu.« Sie glauben, sich übergeben zu müssen. Der Chef merkt es nicht. Er spricht weiter: »Außerdem gibt es noch die Kesselfallen. Bei den Pflanzen mit Kesselfallen werden die Tiere durch Honigdrüsen angelockt. Sie haben Blätter mit kleinen grünen Blasen, die mit einer nur nach innen sich öffnenden, mit Borsten versehenen Klappe verschlossen sind; bei Berühren der

Borste öffnet sich die Klappe und das Tier wird hineingezogen.« Sie können nicht mehr, aber Sie müssen zugeben, daß Sie bis jetzt nichts gearbeitet haben. Es hat ja auch nicht jeder Chef ein derart ekelerregendes Hobby wie der, den ich eben geschildert habe. Ich habe das absichtlich getan, um Sie auf alles vorzubereiten. Ein anderer Chef hat vielleicht Autos als Hobby ... oder Juwelen ... was Sie sicherlich mehr interessieren wird.

Beispiel drei: Hat der Chef einen Auftrag für Sie, tun Sie, als ob Sie im Moment beschäftigt wären. Nach einiger Zeit wird er Sie in Ruhe lassen und den Auftrag einer weniger raffinierten Kollegin erteilen.

Nehmen wir an, er sagt: »Fräulein Martha« – oder wie Sie eben heißen – »suchen Sie mir bitte die Fakturen von Klein & Mahler aus dem Jahr 1976 heraus.«

»Sofort«, sagen Sie, »ich muß nur den Brief an die Firma Rosner & Friedenhagen fertig schreiben.«

Nach einer halben Stunde kommt er wieder: »Fräulein Martha, ich habe Sie um die Fakturen von Klein & Mahler aus dem Jahr 1976 gebeten.«

»Ich weiß es, Herr Chef. Mir ist leider das Farbband gerissen, und ich muß erst ein neues einlegen.« Ich brauche Ihnen nicht zu sagen, daß das Farbband weder gerissen ist noch daß Sie ein neues eingelegt haben. Sie haben bloß nichts gearbeitet. Nach einer Stunde kommt er wieder: »Fräulein Martha, was ist mit den Fakturen von Klein & Mahler aus dem Jahr 1976?«

»1976?« wiederholen Sie erschrocken. »Ich habe die aus dem Jahr 1967 herausgesucht.« Sie haben natürlich nichts herausgesucht.

»Lassen Sie«, sagt er und wendet sich an Ihre Kollegin. »Fräulein Christiane, suchen *Sie* mir bitte die Fakturen von Klein & Mahler aus dem Jahr 1976 heraus.« Und Christiane sucht wirklich. Sie aber haben sich diesmal einen ganzen Vormittag vor der Arbeit gedrückt.

Beispiel vier: Der sicherste Weg.

Angenommen, der Chef ruft Sie in sein Büro und diktiert Ihnen einen Brief. Tun Sie, als ob er zu schnell sprechen würde. Fragt er Sie dann: »Was ist denn, Fräulein? Kommen Sie nicht mit?«, dann sagen Sie schnell: »Doch, Herr Chef! Wohin?« Er wird sich über Ihre Antwort freuen, wird Sie zum Essen einladen, wird Sie nach Hause bringen und wird Sie zum Abschied küssen. Vom nächsten Tag an arbeiten Sie überhaupt nichts mehr. Nach einigen Tagen wird er Sie wieder in sein Büro rufen. Wenn er Sie dann anschnauzt: »Wer sagt Ihnen, daß Sie nicht zu arbeiten brauchen, nur weil ich Ihnen einen Kuß gegeben habe?«, antworten Sie:

»Mein Anwalt.« Sie brauchen dann nur noch im Büro zu sitzen und auf die Pension zu warten.

Das waren Ratschläge für weibliche Angestellte, da ja das Buch »Wie man sich vor der Arbeit drücken kann« von zehn Sekretärinnen geschrieben wurde. Sollten auch männliche Angestellte solche Tips wollen, müssen Sie warten, bis zehn Verkäufer oder zehn Buchhalter ein solches Werk verfassen.

Meiner nächsten Satire – der Leser möge es mir verzeihen – weiß ich nichts voranzusetzen als den Titel. Er heißt:

Moderne Zeiten

Würden die Menschen, die vor dem Ersten Weltkrieg gestorben sind, heute aufwachen – sie verstünden die Welt nicht mehr. Tonfilm, Radio und Fernsehen wären ihnen unbekannt, sie wüßten nichts von Robotern und Computern, nichts von dem Siegeszug des Automobils, von dem sie zu Lebzeiten behaupteten, daß es eine Erfindung wäre, die sich nicht halten werde, Umweltverschmutzung und saurer Regen wären ihnen fremd, Astronauten, die sich per Rakete zum Mond schießen lassen, hielten sie für Abenteurer, Spaziergänge im All bestenfalls für ein Märchen – ich könnte mir vorstellen, daß sie gar nicht so glücklich wären, wenn das alles auf sie einstürmen würde.
Aber nicht nur die großen, weltumstürzenden Dinge würden sie in höchste Verwunderung versetzen – nein, auch die vielen kleinen Vorkommnisse, wie sie sich täglich abspielen, würden ihr Erstaunen hervorrufen.
Ich werde in drei kleinen Alltagsszenen aufzeigen, wie die Welt, wie die Menschheit sich verändert hat. Zuerst im Geschäftsleben. Einst:
Spannagl trifft Robinson auf der Straße (In diesem Fall handelt es sich natürlich nicht um meine Freunde Spannagl und Robinson, sondern um deren Väter.)
»Ein Glück, daß ich Sie treffe«, sagt Spannagl. »Sie kennen doch so viele Menschen. Ich suche einen Buchhalter. Können Sie mir keinen empfehlen?«
»Buchhalter?« Robinson denkt nach. »Wie soll er sein?«
»Das kann ich Ihnen sofort sagen«, antwortet Spannagl. »Vor allem ehrlich. Sie müssen wissen, daß ich ihm mein ganzes Vermögen anvertraue. So bekommt

er zum Beispiel die Schlüssel zur Eisernen Kasse, damit er dem Kassier jederzeit die notwendigen Beträge anweisen kann, während ich mich auf Geschäftsreisen befinde. Und nicht nur das. Er ist in allen Fällen zeichnungsberechtigt, nicht nur was Briefe und Verträge betrifft, sondern auch mein Bankkonto. Da muß er natürlich verläßlich sein. Ich möchte nicht, daß sich eine Zahlung verspätet, daß Kreditzinsen nicht pünktlich erledigt werden oder daß eine Lieferung nicht prompt bezahlt wird. Und vor allem das Finanzamt. Da muß alles genau stimmen. Er muß die Bücher so exakt führen, daß, falls einmal eine Buchprüfung kommen sollte, den Herren sofort klar ist, daß hier alles in Ordnung geht. Die Belege müssen auf Heller und Pfennig vorhanden sein und etwaige Nachzahlungen sofort erledigt werden. Das ist ja auch mit ein Grund, weshalb ich dem Buchhalter mein ganzes Barvermögen zurücklasse, wenn ich nicht im Lande bin. Er soll auch ohne mich imstande sein, sämtliche Verpflichtungen zu erfüllen.«

Robinson bedauert. Er kennt keinen Buchhalter. Nach einiger Zeit treffen sich die beiden wieder. »Na?« erkundigt sich Robinson. »Haben Sie Ihren Wunschbuchhalter gefunden?«

»Ja«, strahlt Spannagl.

»Und wie ist er?«

»Eine Perle. Er erfüllt alle meine Ansprüche. Er ist fleißig, tüchtig, ehrlich, ich kann ihm mein ganzes Geld anvertrauen, er arbeitet bis spät in die Nacht hinein, und am Sonntag kommt er noch zu mir in die Wohnung und spielt stundenlang mit mir Domino. Nur leider ...« Spannagl stockt.

»Was leider?«
»Meiner Frau ist er nicht sympathisch. Wir haben schon einigemale seinetwegen gestritten, und heute hat sie mir kurz und bündig erklärt, daß sie mich verlassen wird, wenn ich ihn nicht wegschicke.«
Robinson erschrickt. »Heißt das, daß Sie zwischen Ihrer Frau und Ihrem Buchhalter wählen sollen?«
»Ja«, sagt Spannagl.
»Und? Wie werden Sie sich entscheiden?«
Drauf Spannagl: »Sie wird mir sehr abgehen.«

Dieselbe Situation heute.
Spannagl trifft Robinson auf der Straße. (Diesmal sind es meine Freunde Spannagl und Robinson.) »Ein Glück, daß ich Sie treffe«, sagt Spannagl. »Sie kennen doch so viele Menschen. Ich suche einen Buchhalter. Können Sie mir keinen empfehlen?«
»Buchhalter?« Robinson denkt nach. »Wie soll er sein?«
»Das kann ich Ihnen sofort sagen«, antwortet Spannagl. »Vor allem nicht ehrlich. Sie wissen, wie ein Geschäftsmann heute lavieren muß. Das muß ein Buchhalter verstehen. Er muß mit Computern umgehen können und vor allem ein erstklassiger Programmierer sein. Ich vertraue ihm mein ganzes Vermögen an, er bekommt die Safeschlüssel, damit er, wenn ich auf Reisen bin und wenn es nötig sein sollte, das Geld rechtzeitig verschwinden lassen kann. Er ist in allen Fällen zeichnungsberechtigt, auch was mein Bankkonto betrifft, aber er muß natürlich verläßlich sein. Er darf nicht herumerzählen, daß ich in Liechtenstein eine Briefkastenfirma habe und daß verschiedene mei-

ner Unternehmungen sowie mein Haus und meine Villa auf den Namen meiner Frau gehen. Und was das Wichtigste ist – er muß mit dem Finanzamt umgehen können. Wenn eine Buchprüfung kommt, muß der Computer so programmiert sein, daß die Verbrecher erst in drei Jahren draufkommen, daß sie einen Fehler übersehen haben. Dann ist es zu spät. Dann kann mir keiner mehr etwas nachweisen.«

Robinson bedauert. Er kennt keinen Buchhalter.

Nach einiger Zeit treffen sich die beiden wieder. Spannagl sieht etwas bedrückt aus. »Sie kennen doch so viele Menschen«, beginnt er. »Ich habe Sie schon einmal gefragt. Ich suche einen Buchhalter. Können Sie mir keinen empfehlen?«

Robinson staunt. »Buchhalter?« fragt er. »Sie haben doch erst vor wenigen Wochen einen eingestellt?«

Drauf Spannagl: »Den suche ich ja.«

Zweite Szene: Im Restaurant. Wie angenehm war es früher einmal, im Restaurant zu speisen. Speziell in Wien. Die Wiener Kellner waren in der ganzen Welt gefragt. Sie waren zuvorkommend, höflich, lasen dem Gast jeden Wunsch von den Augen ab. Und dies nicht nur in den Nobelrestaurants – nein, auch in den kleinsten Gasthäusern, in den »Beiseln«, wie man in Wien sagt. Begleiten wir einmal Herrn Spannagl (Vater) in ein solches Gasthaus. Er tritt ein, Anton, der Ober, eine Hans Moser-Figur, nähert sich ihm.

»Habe d' Ehre, Herr Spannagl! Wo werden Herr Spannagl Platz nehmen? Vielleicht im Fenster? Zuviel Zug? Bitte, Herr Spannagl. Hier hätte ich einen schönen Tisch. Wie geht es der Frau Gemahlin? Gut? Das ist schön. Was werden Herr Spannagl nehmen?« Er reicht ihm die Karte. »Rostbraten und Tafelspitz sind aus. Vielleicht ein schönes Naturschnitzel? Haben Herr Spannagl gestern gegessen? Dann nicht. Man kann nicht jeden Tag Naturschnitzel essen. Wie wäre es mit einem zarten Rindsbraten? Nicht? Bitte, Herr Spannagl. Kalbsbraten?« Er blickt sich vorsichtig um und sagt leise: »Würde ich nicht empfehlen, er ist von gestern. Vielleicht doch ein Naturschnitzel? Bitte, Herr Spannagl, es war nur ein Vorschlag. Vielleicht nehmen wir einmal einen Fisch? Einen schönen Fogosch hätten wir. Ob er frisch ist? Ganz frisch, Herr Spannagl. Ein bißchen künstliche Beatmung, und er springt vom Teller. Hehe!« Er lacht, faßt sich aber sofort wieder. »Ein Scherz, Herr Spannagl. Verzeihung. Was ich Herrn Spannagl auch anbieten könnte, wäre ein schöner Salatteller. Oder eine Gemüseplatte. Herr Spannagl sind kein Hase? Das stimmt. Wie wäre es mit etwas Frischgemachtem? Vielleicht ein schönes Pfeffersteak? Zu scharf? Herr Spannagl haben sich vorige Woche den Magen verdorben?« Er erschrickt. »Doch nicht bei uns? Eben, das hätte mich gewundert. Wenn aber Herr Spannagl mit dem Magen nicht in Ordnung sind, wollen Herr Spannagl nicht vielleicht doch ein Naturschnitzel –? Ein Naturschnitzel. Bitte, Herr Spannagl, kommt sofort.« Er rauscht ab in die Küche.

Dieselbe Situation heute.
Spannagl (Sohn) betritt das Lokal. Der Ober, der eben den Totoschein ausfüllt, blickt unwillig auf. »Wenn Sie essen wollen, müssen Sie sich hierher set-

zen«, sagt er unfreundlich, »dort drüben wird heute nicht bedient, weil der Kollege frei ist. Speisekarte? Haben wir keine. Ab vierzehn Uhr gibt es nur kalte Küche. Geflügelsalat, Wurstsalat, Eiersalat. Geflügelsalat? Bitte sehr.« Er holt vom Buffet einen Teller mit Geflügelsalat und schiebt ihn Spannagl hin. Spannagl kostet. Er verzieht das Gesicht. »Ein Skandal!« regt er sich auf. »Der ist nicht zu essen! Holen Sie mir den Chef!« Drauf der Ober: »Das hat keinen Zweck. Der ißt ihn auch nicht.«

Dritte Szene. Ein Familiendrama. Einst:
Das Telefon läutet. Frau Spannagl (die Mutter meines Freundes) geht an den Apparat. Sie spricht: »Ja? Du bist's, Mama? Guten Morgen. Wie es mir geht? Warum fragst du so besorgt? Meine Stimme klingt, als ob ich geweint hätte? Ich *habe* geweint, Mama. Die ganze Nacht. Warum? Klara, mein Fräulein Tochter, wurde gestern mit einem jungen Dobermann im Kino gesehen. Da findest du nichts dabei?« Frau Spannagl ist entrüstet. »Was heißt hier ›Hund‹? Der junge Dobermann ist doch kein Hund! Der junge Dobermann ist einer von den vier Söhnen von Dobermann & Co.!« Sie traut ihren Ohren nicht. »Auch *das* ist nicht schlimm? Klara ist doch erst neunzehn! Im Stadtpark ist sie auch schon mit ihm spazieren gegangen, und gestern abends ist sie zwei Minuten vor zehn nach Hause gekommen. Knapp bevor das Tor geschlossen wurde. Der Hausbesorger hat sie natürlich gesehen, und ich bin überzeugt, daß es heute bereits das ganze Haus weiß. Vor allem die miese Meier, die neben uns wohnt und die unsere Klara sowieso nicht ausstehen

kann. Warum nicht? Weil ihre Senta, die mit Klara in einem Alter ist, ein selten häßliches Gesicht hat. Der junge Oberländer, du weißt, der Verkäufer von meinem Mann, hat einmal gesagt: ›Sentas Gesicht auf einer Briefmarke, und die Post geht pleite!‹ Was mein Mann zu der Sache mit Klara sagt? Der hat doch keine Ahnung davon. Der wäre schön wütend. Wie meinst du? Natürlich hatte ich eine Aussprache mit Klara. Jetzt sieht sie ein, daß sie einen Fehler gemacht hat, aber heute ist es zu spät. Was der junge Dobermann für ein Mensch ist? Ich habe mich nach ihm erkundigt. Er gilt als anständig, fleißig und ist aus guter Familie. Aber trotzdem. Was kann an einem jungen Mann schon dran sein, der mit einem Mädchen ins Kino geht, ohne ihre Eltern um Erlaubnis zu bitten? Ich kann nur immer beten: Hoffentlich heiratet er sie!«

Und heute?
Das Telefon läutet. Frau Spannagl (jetzt ist es Trude, die Frau meines Freundes) geht an den Apparat. Sie spricht: »Ja? Du bist's, Mama? Guten Morgen. Wie es mir geht? Warum fragst du so besorgt? Meine Stimme klingt, als ob ich müde wäre? Kein Wunder. Unsere Tochter war gestern abend mit ihrem Freund bei uns, und der ist nicht nach Hause gegangen, bevor er nicht die letzte Flasche Bier aus unserem Kühlschrank getrunken hatte. Was soll ich tun? Pam ist siebzehn, und einem siebzehnjährigen Mädel kannst du nichts mehr dreinreden. Wer Pam ist? Unsere Martha. Sie nennt sich seit neuestem ›Pam‹. Du weißt, nach ›Dallas‹. *Er* nennt sich ›Jeff‹, nach ›Dynastie‹. Sein wirklicher Name ist Norbert. Was er für ein Mensch ist? Ich finde

ihn entsetzlich. Bart, lange Haare, ungepflegt. Was er ist? Student. Er studiert Sprachwissenschaften. Wie er selbst sagt, kann er seinem Vater schon in sieben Sprachen schreiben, daß er keinen Job hat. Ob ihm sein Vater Geld schickt? Der denkt nicht daran. Der ist selbst noch Student. Die Wohnung von den beiden solltest du sehen. Eine Höhle. Wir haben ihnen Tapeten gekauft, einen Streifen hat er halb angeklebt, dann hat er die Lust verloren. Jetzt hängt die andere Hälfte herunter, und die beiden finden das ›unheimlich originell‹. Eine Couch haben sie, natürlich vom Flohmarkt, die müßtest du sehen. Zerrissen, die Federn stehen heraus, und da sitzt er den ganzen Tag und spielt Gitarre. Wer für die beiden kocht? Sie natürlich, aber frag mich nicht, wie! Neulich hatten sie Fischkuchen. Ich frage: ›Was ist Fischkuchen?‹ Sagt sie: ›Die Sardinen sind mir in den Teig gefallen.‹ Einen Tag haben sie überhaupt nichts gegessen, weil sie den Konservenöffner verloren hatten und beide zu faul waren, um hinunterzugehen und einen neuen zu besorgen. *Was* willst du wissen? Wie alt ihre Zwillinge sind? Elf Monate. Du kannst es dir ausrechnen, Mama. Am 18. Juni hat sie ihn kennengelernt, am 20. ist sie zu ihm gezogen, und im März sind sie zur Welt gekommen. Und gestern war sie schon wieder beim Gynäkologen. Diesmal tippt er auf Drillinge. Und sie wollen *noch* mehr Kinder haben. Ich kann nur immer wieder beten: Hoffentlich heiratet er sie nicht!«

Dieser Satire – der Leser möge es mir verzeihen – weiß ich nichts hinzuzufügen.

Es gibt auf der Welt keine Großstadt mehr, in der man sich sicher fühlen könnte. In New York gehen sogar schon die Verbrecher zu zweit, weil sie Angst haben, man könnte sie attackieren. Sittenstrolche treiben sich in den Parks herum. Räuber überfallen die Geldinstitute. Das Personal hat sich daran gewöhnt. Als neulich ein Mann, eine Strumpfmaske über das Gesicht gezogen, in eine Bank kam und einem Angestellten mit vorgehaltener Pistole zuraunte: »Das ist ein Überfall!«, sagte der Angestellte ruhig und ohne aufzusehen: »Überfälle, Schalter 8, bitte!« Es gibt Frauen, die sich abends nicht mehr auf die Straße wagen. Auch Iris hatte vor kurzem

Ein schreckliches Erlebnis

Es war gegen acht Uhr abends, als Iris nach Hause kam. Sie fuhr den Wagen in die Garage, ging ins Haus, legte im Vorzimmer den Mantel ab und stieg die Treppe hinauf in den Salon. An der kleinen Hausbar schenkte sie sich einen Drink ein. Plötzlich hatte sie das unangenehme Gefühl, nicht allein zu sein. Jemand war im Zimmer, der sie beobachtete. Sie drehte sich um und erschrak. In der Tür, die vom Balkon in den Salon führte, stand ein Mann. Er war groß, stark und unrasiert, und hatte ein schmutziges Lächeln um den Mund.
»Was, um Gottes willen ...«, bemühte Iris sich zu sprechen. Es gelang ihr nicht. Das Wort blieb ihr in der Kehle stecken.
»Hab keine Angst, Mäuschen«, sagte der Mann, »ich tu dir nichts.«
Iris hatte sich etwas gefaßt. »Was soll das?« fragte sie, noch immer aufgeregt.
»Nichts, Mäuschen. Sei nicht nervös.« Er trat auf sie zu. »Du bist schön, Mäuschen«, sagte er. »Dieses Kleid! Es paßt ganz zu deiner Gestalt.« Er wollte sie anfassen.
»Weg! Weg von mir!« schrie sie und flüchtete hinter das Barpult. Er folgte ihr.
»Du hast wirklich Angst vor mir?«
»Weg!«
»Jetzt wird es mir zu dumm«, änderte er den Ton. »Komm!« Er wollte nach ihr greifen, aber Iris rannte schnell hinter dem Barpult hervor und zur gegenüberliegenden Wand. Dort schob sie mit einem Ruck den schweren Fauteuil zwischen sich und ihn.
»Jetzt wirst du mich bald böse machen, Mäuschen«,

sagte er mit drohendem Unterton. »Ich tu dir nichts, wenn du mir verrätst, wo du das Geld versteckt hast.«

»Das sage ich nicht.«

»Dann ...«

»Weg von mir, oder ich schreie!«

»Das wirst du dir überlegen. Außerdem würde dich niemand hören. In den Nachbarhäusern ist alles finster. Also? Los jetzt! Wo ist das Geld?«

»Ich sage es nicht!«

»Ich kann warten. Ich habe es nicht eilig. Vielleicht könnten wir uns inzwischen die Zeit vertreiben.« Mit dem Fuß stieß er den Fauteuil zur Seite. »Gibst du mir einen Kuß, Mäuschen? Hand weg vom Telefon!« schrie er plötzlich.

»Mein Gott ...« Iris begann zu weinen.

»Sag mir wo das Geld ist, und ich gehe.«

»Ich sage es nicht! Niemals!« Sie stampfte mit dem Fuß auf den Boden.

»Du bist schön, Mäuschen, wenn du wütend bist, aber es wird dir nichts nützen.« Er trat auf sie zu und nahm sie in die Arme.

»Wo ist das Geld?« keuchte er.

»Im Speisezimmer«, stieß Iris ängstlich hervor, »unter dem Teppich ...«

»Wo genau?«

»Unter der Stehlampe ...«

Der Mann lachte auf. »Ich habe gewußt, daß du es mir sagen wirst. Fast tut es mir leid. Ich wäre lieber bei dir geblieben, aber was ich versprochen habe, habe ich versprochen. Ich hoffe nur«, drohte er wieder, »daß du mich nicht belogen hast. Oder?«

»Nein«, wimmerte Iris.

Er ging in das Speisezimmer, rückte die Stehlampe zur Seite, hob den Teppich hoch und fand ein Kuvert mit Banknoten. Er nahm ein paar von ihnen heraus und steckte sie in die Tasche. »Ich nehm' dir nicht alles«, rief er in den Salon zurück. »Weil du so hübsch bist! Leb wohl, Mäuschen!« Er verließ das Haus.

Auf der Straße sagte er zu sich: »Es kann doch kein Verbrechen sein, wenn ein Mann einmal im Monat eine Pokerpartie hat und sich von seiner eigenen Frau ein paar hundert Schilling ausborgt, von dem, was sie sich sowieso vom Wirtschaftsgeld erspart hat.«

Ein deutsches Sprichwort sagt: Ein schlechter Schreiber gibt immer der Feder die Schuld. Ich möchte hinzufügen: Ein schlechter Erzähler gibt immer seiner Frau die Schuld, eine schlechte Erzählerin gibt sie ihrem Mann.

Die Kunst des Erzählens

Mein Schwager Goldmann, seine Frau Hermine und sein Sohn Ladi, damals zehn, waren bei uns zum Abendessen. Nach dem Essen saßen wir noch bei einer Tasse Mokka beisammen.

»Was wir neulich gelacht haben«, berichtete Goldmann, »das könnt ihr euch nicht vorstellen. Spannagls waren bei uns und wollten einen Witz erzählen –«

»Es war kein Witz, Papi«, unterbrach ihn Ladi, »es war ein Sketch.«

»Unterbrich mich nicht«, meinte Goldmann ungehalten.

»Ladi hat aber recht«, pflichtete Hermine ihrem Sprößling bei. »Es *war* ein Sketch, und zwar ein Sketch, den Günther Pfitzmann im Fernsehen gespielt hat – in der Sendung ›Lach mal wieder‹.«

»Das war nicht Günther Pfitzmann«, sagte Ladi wieder. »Das war Harald Juhnke, und nicht in der Sendung ›Lach mal wieder‹, sondern in der Sendung ›Ein verrücktes Paar‹.«

»Das ist doch egal«, meinte Hermine, nun ebenfalls ungehalten. »Wir wollten doch von Spannagls reden.«

»Was war mit Spannagls?« fragte meine Frau.

»Ladi hat recht. Sie wollten uns einen Sketch erzählen«, setzte Goldmann fort, »und konnten sich über den Inhalt nicht einigen.«

»Was war das für ein Sketch?« erkundigte ich mich.

»Ein ganz dummer. Er spielte auf dem Finanzamt –«

»Paßamt«, unterbrach Ladi wieder.

»Paßamt«, korrigierte Goldmann, »obwohl das ganz unwichtig ist.«

»Das ist *nicht* unwichtig«, meinte Hermine, »wenn

du Finanzamt sagst, stimmt doch die Pointe nicht. Es war auf dem Paßamt, dort saß ein Jugoslawe –«

»Türke«, unterbrach Ladi.

»Türke«, ergriff nun wieder Goldmann das Wort. »Ein Türke, der einen Paß haben wollte.«

»Er wollte keinen Paß«, erinnerte Hermine ihren Mann, »er wollte sich nur erkundigen, ob –«

»Nun erzähl' gleich die Pointe«, sagte Goldmann gereizt. »Wenn wir so weitermachen, geht es uns ebenso wie den Spannagls. Entweder erzählst du oder ich.«

»Erzähle du«, meinte Hermine scheinbar sanft, »du kannst das besser.« Sie machte eine Pause. »Denkst du«, setzte sie dann boshaft hinzu.

Goldmann überhörte die Bemerkung. »Auf dem Paßamt saß also ein Türke«, begann er wieder, »und wollte sich wegen einer bestimmten Sache erkundigen. Er konnte sich aber mit den Beamten nicht verständigen.«

»Das ist falsch, Papi«, sagte Ladi. »Die Beamten konnten sich mit *ihm* nicht verständigen.«

»Was ist denn da für ein Unterschied?« sagte Goldmann aufbrausend.

»Ein großer Unterschied, Papi, wegen der Pointe.«

»Ladi hat *wieder* recht«, meinte Hermine.

»Außerdem hast du vergessen zu sagen, daß außer dem Türken noch zwei Herren warteten«, erinnerte Ladi seinen Vater.

»Das ist richtig«, gab Goldmann zu. »Es saßen, außer dem Türken, noch zwei Herren dort, und die Beamten konnten sich mit dem Türken nicht verständigen.«

»Ihr kennt doch diese Sprache«, sagte nun wieder Hermine. »Du kommen, du gehen ...«
»Eben hast du gesagt, daß *ich* erzählen soll!« Goldmann wurde langsam wütend.
»Erzähle, erzähle«, sagte Hermine in dem gewissen Ton, dem sie zu Hause noch ein »du Trottel« angehängt hätte.
Goldmann wurde nervös. »Der eine Beamte, es waren nämlich drei, fragte den Türken: ›Du verheiratet?‹«
»Das stimmt nicht, Papi«, unterbrach Ladi wieder.
»Zuerst fragte der Beamte: ›Du Türke?‹ Drauf sagte der Türke: ›Ja.‹ Dann fragte der Beamte: ›Du heißen?‹ Drauf sagte der Türke: ›Jakub Ribal.‹«
»Das merkst du dir!« schrie Goldmann. »In der Schule merkst du dir nichts! Woher weißt du das so genau?«
»Weil der Pipal einen Videorecorder hat. Der hat sich den Sketch aufgezeichnet, und wie ich neulich bei ihm lernen war, haben wir ihn uns vorgespielt.«
»Das schaut dir ähnlich! Anstatt zu lernen, spielt ihr euch Sketche vor!«
»Willst du nicht weiter erzählen?« fragte ich sanft.
Goldmann beruhigte sich. »Natürlich will ich, aber man läßt mich ja nicht. Der Beamte fragte den Türken: ›Du verheiratet? Name von Frau?‹ Der Türke nannte einen Namen –«
»Bülbül«, fiel Ladi ein.
»Schweig!« schrie Goldmann wieder.
»Schrei nicht so mit dem Kind!« sagte Hermine zornig. »Noch dazu, wenn der Bub recht hat.«

RANG.

»Bei dir hat er immer recht!«
»Immer nicht, aber daß er *jetzt* recht hat, das kannst du nicht bestreiten.«
»Erzähle doch weiter, Walter«, bat meine Frau.
Goldmann besänftigte sich. »Gut«, sagte er. »Der Türke nannte also einen Namen –«
»Bülbül«, sagte Ladi wieder.
Goldmann warf ihm einen wütenden Blick zu. »Dann fragte der Beamte«, setzte er fort: »›Wo du wohnen?‹ Der Türke sagte: ›Wien, sechster Bezirk.‹«
»Vierter Bezirk«, besserte Ladi aus.
»Das ist doch nicht wichtig!« Goldmann lief rot an.
»Das ist *schon* wichtig, Papi«, belehrte ihn Ladi, »weil dadurch der andere Beamte zuständig war.«
»Das ist richtig«, sagte Hermine.
»Redet mir nicht immer drein!« schrie Goldmann wieder. »Ich weiß gar nicht, wozu ich diesen dummen Sketch erzählen muß!«
»Du mußt ihn nicht erzählen«, beruhigte ich ihn. »Du wolltest uns bloß schildern, daß Spannagls ihn erzählen wollten und nicht konnten, weil sie einander immer ausgebessert haben.«
»Das stimmt, aber interessiert euch das? Was geht uns der Sketch an? Ich möchte wissen, wer diesen Blödsinn überhaupt geschrieben hat!«
»Ich«, sagte ich bescheiden.
Das war Goldmanns furchtbar unangenehm, sie wurden verlegen und fanden nach ungefähr zehn Minuten, daß es schon spät sei und daß Ladi ins Bett müsse. Dann verabschiedeten sie sich.
»Jetzt hast du sie blamiert«, meinte meine Frau vorwurfsvoll.

»Das macht nichts«, sagte ich, »ich bin sehr froh darüber.«
»Froh? Warum? Was hast du davon?«
»Eine Geschichte für mein neues Buch.«

Geschichten wachsen nicht auf Bäumen. Es ist leichter, ein Buch zu lesen, als eines zu schreiben, und es ist leichter ein Buch zu schreiben, als einen Verleger dafür zu finden.

Ich habe in meinen Werken schon oft die Grundbegriffe der deutschen Sprache behandelt. Jeder Schüler weiß (oder sollte es wissen), daß unsere Sprache aus verschiedenen Wortgruppen besteht. Da haben wir das Hauptwort, das Eigenschaftswort, das Fürwort, das Umstandswort, das Zahlwort, das Zeitwort u. a. Jede Sprache wächst im Laufe der Jahrhunderte, Wörter werden ausgeschieden, andere schleichen sich ein, und so wurde auch unsere Sprache im Laufe der letzten Zeit um eine Wortgruppe bereichert: um

Das Fäkalwort

Liebe Leserinnen und Leser! Sie kennen mich als feinsinnigen, vornehmen Schriftsteller, dem jede Zote fremd ist, und der es vorziehen würde, eher seinen von ihm so geliebten Beruf aufzugeben, als seine Gemeinde durch den Gebrauch unflätiger Wörter zu verärgern. Und doch – heute muß ich es tun. Ich muß mich eines Wortes bedienen, welches man seinerzeit nur von ganz ordinären Betrunkenen in den niedrigsten Schenken der Vorstädte hörte und das nun aus dem Dialekt in die Umgangs- und Hochsprache aufgenommen wurde. Es handelt sich um das Wort – nein, ich kann es nicht einfach hinschreiben. Meine Füllfeder sträubt sich dagegen, mein Kugelschreiber weigert sich, seine gute »Mine« zum bösen Spiel zu machen, die Lettern meiner Schreibmaschine verwikkeln sich ineinander – es geht nicht. Ich frage mich nur, *warum* nicht? Nicht nur, daß es in den besten Kreisen gebraucht wird, es steht selbst im Duden (Ausgabe 1973, Band 1, S. 599). Das Wort heißt – oh, hätte ich nur nicht damit angefangen. Ich schlage Ihnen etwas vor, liebe Leser: Ich werde den Anfangsbuchstaben schreiben und die anderen durch Punkte ersetzen. Es heißt – ich wende schamhaft meinen Blick zur Seite und tippe es hin: Sch.... (der dritte Punkt ist ein scharfes ß).
Es gibt kein Drama, kein Lustspiel, in dem es nicht vorkommt. Man hört es im Burg- und im Bauerntheater. Im Bauerntheater übrigens seltener als im Burgtheater. Es hat seinen Einzug in das heimische Fernsehen gehalten, und dort, wo es vor gar nicht so langer Zeit noch verboten war, einen Darsteller in gewissen Situationen ein wütendes »Sch« sagen zu lassen, sagt

man heute ganz ungeniert »Sch....!« (Der dritte Punkt ist ein scharfes ß.) Es fällt uns gar nicht mehr auf, daß man es sagt, ja, wir würden es vielleicht missen, wenn man es *nicht* sagen würde. Bald wird es ein progressiver Regisseur auch auf die Opernbühne bringen, und ich höre schon den Bayreuther Lohengrin, wenn Elsa ihn im Brautgemach nach sein' Nam' und Art fragt, wutschnaubend singen: »Sch....!« (Der dritte Punkt ist ein scharfes ß.) Und man könnte es fast verstehen. Schließlich war er schon froh, bis ins Brautgemach gekommen zu sein, und jetzt muß er unvollendeter Dinge wieder nach Hause, nur weil seine ihm angetraute Frau wissen wollte, wen sie geheiratet hat. Aber warum erzähle ich Ihnen das alles? Nur um Ihnen zu beweisen, in was für einer häßlichen Zeit wir leben.
Gestern war ich nach längerer Pause wieder einmal in meinem Stammkaffeehaus, und wen fand ich dort? Meinen Freund Joschi. Er schien mir etwas unruhig zu sein. Nervös. Er sah mich nicht sofort, und so konnte ich ihn ungestört beobachten. Er blickte auf seine Armbanduhr, sah nach der Wanduhr, nahm eine Zeitung, legte sie wieder weg, führte die Kaffeetasse zum Mund, obwohl er sie längst geleert hatte, blickte wieder auf seine Armbanduhr, sah nach der Wanduhr, nahm eine Zeitung, legte sie wieder weg – genug. Ich ging auf ihn zu. »Servus«, sagte ich.
»Servus.«
»Du bist so zappelig. Was hast du?«
»Nichts«, erwiderte er ausweichend.
»Das glaube ich nicht. Wegen nichts ist man nicht so zerfahren. Also?«

»Ich habe ein Stück geschrieben«, sagte er zögernd.
»Na und? Das ist doch nicht dein erstes.«
»Das nicht«, sagte er, »aber diesmal ist es etwas anderes. Du mußt wissen, ich stehe an einem Wendepunkt meiner Karriere.«
»Ach so?«
»Ja. Ich hatte es satt, immer nur Boulevardkomödien zu schreiben, alte Possen zu frisieren, Kabarettsketche zu stehlen – ich wollte einmal etwas schaffen, das ich der Nachwelt hinterlasse.«
»Und zwar?«
»Ein Drama.«
»???«
»Ein Drama, in dem ich die Tragödie von Mayerling aufrolle.«
»Wieder einmal?«
»Nicht so wie du denkst. Es ist ein Drama in Versen. Ich sehe Rudolf anders als ihn die Historiker sehen. Bei mir ist er kein Romeo, bei mir ist er ein Held, wohl eine Art Hitzkopf, aber ein Held. Meine Frau war begeistert, als ich ihr das Werk vorlas. ›Endlich‹, sagte sie, ›beweist du, daß du ein Dichter bist. Jetzt mußt du aber zu deiner Sache stehen. Laß dir von keinem Regisseur auch nur ein Wort streichen oder von einem der Darsteller eines dazugeben. Mit diesem Werk wirst du unsterblich werden.‹ Sie küßte mich auf die Stirne. Auch ich war so überzeugt von meiner Genialität, und dann ...«
»Was war dann?«
»Ich wollte es von einer Firma für das Fernsehen produzieren lassen. Ich ging zur Tele-tele ...«
»Gratuliere!« unterbrach ich ihn.

»Warte. Ich sprach mit Markoschek persönlich, du weißt ja, daß nur er dort zu reden hat, ich erklärte ihm, in welch geschliffener Sprache die Verse geschrieben sind, worauf er mich sofort fragte, ob das Wort ›Scheiße‹ drin vorkomme. Ich sagte empört: ›Natürlich nicht!‹, darauf erklärte er mir, dann könne er es nicht brauchen, er produziere nur moderne Werke, Werke in moderner Sprache, wenn ich bereit wäre, es einzubauen, könne man darüber reden – sonst nicht. Ich nahm mein Manuskript und ging.«
»Wohin?«
»Zur FEFIPRO. Fernsehfilmproduktion. Ich sprach mit Klarbein.«
»Und?«
»Dasselbe. Ohne ›Scheiße‹ uninteressant. Ich ging zur FIFEPRO, Filmfernsehproduktion. Dasselbe. Ich war bei PROFEFI, Produktionfernsehfilm, bei FIPROFE, Filmproduktionfernsehen, bei FEPROFI, Fernsehproduktionfilm – überall dasselbe. Moderne Sprache. Aber ich blieb hart. Ehe ich dieses Wort in mein Werk aufnehme, spucke ich mir selber ins Gesicht.«
Ich wußte nicht, wie er das machen würde, ich fragte auch nicht danach. Ich fragte nur: »Und jetzt? Willst du jetzt vielleicht aufgeben?«
»Gestern war ich soweit«, entgegnete er.
»Und heute?«
Er zögerte. »Heute«, sagte er langsam, »war ich bei Herlinger.«
Ich traute meinen Ohren nicht. »Bei Herlinger? Dem unseriösesten Menschen in der ganzen Branche? Mit dem wirst du dich doch nicht einlassen? Von Herlin-

ger bekommst du nicht einen Groschen deines Honorars.«

»Ach, weißt du«, sagte Joschi verträumt, »Geld ist mir in diesem Fall nicht so wichtig. Mir geht es um den Ruhm, um die Achtung, die man mir plötzlich erweisen wird, um die Nachwelt, um meine Frau, die zu mir aufsieht wie zu einem Klassiker, seit ich ihr das Stück vorgelesen habe.«

»Wie du meinst. Was war bei Herlinger?«

»Dasselbe. Auch er sagte, daß das Wort ›Scheiße‹ unbedingt vorkommen müsse. Er könne dem Fernsehen keine altmodischen Stücke vorschlagen, und er könne es sich nicht leisten, daß der Infratest beweist, daß bei der Sendung die Zuseher einer nach dem andern abgedreht haben. Schließlich sagte er zu mir: ›Ich brauche ein Stück in moderner Sprache, und wenn Ihre Ehre es Ihnen nicht erlaubt, ›Scheiße‹ in das Drama zu schreiben, dann lassen Sie es *mich* für Sie tun. Nur ein einzigesmal, gleich am Anfang. Wenn die Zuseher es einmal gehört haben, wissen sie, daß es sich um ein modernes Stück handelt und bleiben vor dem Bildschirm sitzen.‹ Ich sagte: ›Das ist unmöglich. Das Stück spielt bei Hof, dort spricht man nicht so vulgär.‹ Herlinger überredete mich. Er sagte: ›Bei Hof gibt es Lakaien. Lassen Sie das Drama mit einem Bankett anfangen, an der Tafel sitzen nur gekrönte Häupter, die Lakaien servieren, plötzlich fällt einem von ihnen die Suppenschüssel aus der Hand, was sagt er? Scheiße! Das genügt.‹ Ich gestand es ihm zu.«

»Schäm dich!«

»Das wird mir meine Frau auch sagen. Ich weiß gar nicht, wie ich es ihr beibringen soll.«

»Hast du den Vertrag schon unterschrieben?«
»Nein. Ich gehe jetzt zu Herlinger. Er wartet auf mich im Kaffeehaus gegenüber. Er wollte das Drama lesen, was ja selbstverständlich ist.«
»Ich bleibe noch eine Stunde hier«, sagte ich. »Wenn du früher fertig bist, dann komm noch einmal herüber. Ich wäre neugierig, wie es ausgegangen ist.«
Joschi ging. Ich hatte meine Zeitung noch nicht ausgelesen, als er schon wieder zurück war. Wütend, mit rotem Gesicht, ein Manuskript in der Hand.
»Was war?« fragte ich sofort.
Joschi setzte sich. »Dieser Verbrecher«, stieß er hervor.
»Wollte er dich hereinlegen?«
»Das wäre nicht das Schlimmste gewesen.«
»Hat er das Wort in dein Manuskript geschrieben?«
»Ja.«
»Einmal oder öfter?«
»Einmal. Aber nicht, wie es besprochen war, am Anfang – –«
»Sondern?«
»Am Schluß, unter ›ENDE DES DRAMAS‹.«

Liebe Leserin, lieber Leser, wenn Sie mit dieser Geschichte fertig sind, klappen Sie das Buch nicht zu, blättern Sie bitte um, und lesen Sie weiter. Ich möchte, daß Sie das eben Gelesene so schnell wie möglich vergessen und daß Sie den guten Eindruck, den Sie von mir hatten, auch weiterhin behalten. Vielleicht aber, das fällt mir eben ein, hat die Geschichte dem einen oder dem andern von Ihnen gefallen, und er sagt: »Endlich schreibt er eine moderne Sprache.«

»Frauen sind wie frische Ölfarbe. Hat man sie einmal angerührt, wird man sie nicht so bald los.« Diese Worte stammen von einem berühmten Maler, genauer gesagt von einem Zimmermaler. Lesen Sie, wie recht er hatte.

Robinson weiß einen Ausweg

Spannagl saß im Kaffeehaus, am Boden zerstört. Robinson, sein Freund und Anwalt, trat ein. »Was hast du?« fragte er verwundert und setzte sich zu ihm. »Gibt es irgendwelche troubles?« »Irgendwelche ist gut«, jammerte Spannagl. »Die größten, die du dir denken kannst. Du bist Anwalt. Vielleicht kannst du mir einen Rat geben.«

»Um was handelt es sich?«

»Um eine Frau.«

»Um *deine* Frau?«

»Um *eine* Frau und um *meine* Frau. Ich habe eine Freundin.«

»Du?« wunderte sich Robinson.

»Ja. Ich habe sie vor einigen Monaten kennengelernt –«

»Und jetzt will sie, daß du sie heiratest«, setzte Robinson fort.

»Nein«, meinte Spannagl. »Das will sie nicht. Sie *ist* verheiratet.«

»Dann ist doch alles in Ordnung.«

»Nichts ist in Ordnung.«

»Verstehe. Ihr Mann ist draufgekommen.«

»Das auch nicht. Das würde auch nichts ausmachen, weil er selbst eine Freundin hat. Außerdem ist er überhaupt nicht eifersüchtig.«

»Was macht dich dann so besorgt?«

»Meine Frau«, klagte Spannagl. »Du weißt doch, wie Trude ist. Wenn sie dahinterkommt ...«

»Wie sollte sie dahinterkommen?«

»Weil die andere mich so mit Beschlag belegt. Jeden Tag muß ich sie treffen. Ich weiß schon nicht mehr, was ich Trude gegenüber für Ausreden gebrauchen soll. Momentan habe ich einen Geschäftsfreund aus Kanada hier, der gar nicht existiert. Zuerst habe ich ihn vom Flugplatz abgeholt und gesagt, daß er in Frankfurt den Anschluß verpaßt hat und nicht angekommen ist, am nächsten Tag *ist* er angekommen, am dritten Tag habe ich ihn in die Oper geführt, am vierten war ich mit ihm essen, am fünften habe ich ihn einen Unfall haben und sechs Tage im Spital liegen lassen – aber wie lange kann das so weitergehen? Einmal muß er doch wieder abreisen. Und Trude macht schon gewisse Andeutungen. Vor allem kann sie es nicht verstehen, daß ich sie nicht mit dem Mann bekanntmache. Du wirst sehen, sie kommt dahinter.«

»Und wenn du mit der andern Schluß machst?«

»Das geht nicht. Ich weiß nicht, was sie an mir findet, aber sie ist in mich verliebt.«

»Machst du ihr Geschenke?«

»Dann und wann.«

»Wertvolle Geschenke?«

Spannagl überlegte. »Ja«, sagte er dann. »Ich habe ihr ein Brillantcollier gekauft, einen Zobel ...«

»Vielleicht ist es das, was ihr an dir so gefällt?«

»Das glaube ich nicht. Da würde sie mich ja nicht jeden Tag sehen wollen. Du müßtest erleben, wie leidenschaftlich sie ist. Nach jedem zweiten Satz sagt sie: ›Küsse mich!‹ Und immer, wenn ich sie küsse, sehe ich Trude vor mir. Ich kann nicht mehr weiter!«

»Wie heißt sie?«

»Mußt du das wissen?«

»Es wäre gut für die Sache. Ich habe einen Plan, einen Ausweg, der aber bei einer Mizzi oder Pepi anders ankommt als bei einer Tatjana oder Celia.«

»Ich nenne keinen Namen.«
»Na gut. Wo trefft ihr euch?«
»Ich habe eine kleine Garçonnière gemietet.«
»Hör mir zu.« Robinson rückte näher an Spannagl heran und sprach leise auf ihn ein. Spannagl beruhigte sich zusehends – sein Gesicht strahlte.
Zwei Stunden später betrat er die kleine Garçonnière. Lilian, so hieß seine Freundin, stürzte ihm entgegen. »Da bist du ja endlich!« rief sie. »Küsse mich!« Sie drückte einen heißen Kuß auf seine Lippen, dann ließ sie von ihm ab. »Was ist heute mit dir los?« fragte sie. »Du bist so anders als sonst. Was hast du?«
»Nichts«, sagte Spannagl.
»Doch, du hast etwas. Was ist es?«
»Nichts. Ich habe wirklich nichts.«
»Ich kenne dich doch. Komm! Mir kannst du es doch sagen.«
»Also gut. Man hat mir den Führerschein abgenommen.«
»Warum, um Gottes willen?«
»Weil ich einen Geisterfahrer überholt habe.«
Lilian war entsetzt. »Du bist in der falschen Richtung gefahren? Auf der Autobahn?«
»Ja.«
»Wie konnte das geschehen?«
»Meine Gedanken waren woanders.«
»Bei einer Frau?«
»Nein.«
»Wo denn waren deine Gedanken?«
»Das ist doch nicht wichtig.«
»Doch, das ist *sehr* wichtig. Ich will es wissen.«
»Also gut. Es ist mir zwar peinlich, aber – ich habe an

mein Geschäft gedacht. Ich muß meinen Betrieb schließen. Ich bin pleite.«

»Nein!!!« Lilian war außer sich.

»Leider ja. Man wird mir mein Haus wegnehmen, meinen Wagen – und ich werde noch immer verschuldet sein.«

»Du Ärmster«, sagte Lilian mitfühlend.

»Das würde mir gar nicht soviel ausmachen«, meinte Spannagl traurig. »Aber du weißt doch, daß das bedeutet, daß auch wir uns trennen müssen. So schwer es mir fällt. Glaube mir!«

»Ich glaube dir, aber daß wir uns trennen, kommt gar nicht in Frage. Deshalb brauchst du nicht zu verzweifeln. Ich habe Geld, ich werde die Garçonnière bezahlen.«

»Aber ich bin doch dann völlig mittellos«, versuchte Spannagl sie zu überzeugen. »Ich könnte dir keine Geschenke mehr machen.«

»Das ist auch gar nicht nötig«, tröstete ihn Lilian. »Die soll mir mein Mann machen. Dazu ist er ja schließlich da. Sag mir nur eines.« Sie machte eine Pause. »Hast du in deinem Freundeskreis einen Anwalt, der Robinson heißt?«

»Ja«, staunte Spannagl. »Wieso weißt du –?«

»Er war vor dir mein Freund. Ihm ist es damals gelungen, mich auf diese Weise loszuwerden. Dir wird es nicht gelingen. Komm! Küsse mich!«

Trude erfuhr bald von der Sache. Jetzt hat auch sie ein Brillantcollier und einen Zobel.

»Die alte Garde stirbt, aber sie ergibt sich nicht«, sagte General Cambronne in der Schlacht bei Waterloo. Heute müßte sie sich ergeben, die alte Garde. Nicht dem Feind, sondern dem Freund. Blicken wir nicht im Zorn zurück, sondern in der Phantasie, und denken wir, daß unsere heutigen Zustände immer schon herrschten. Lassen wir die Vergangenheit Gegenwart werden. Dichter, Denker, bildende Künstler, ja selbst Feldherren erreichen die Altersgrenze. Man zwingt sie, ihre Tätigkeit aufzugeben, und so kommt es zu einem schier unglaublichen Ereignis:

Radetzky geht in Frühpension

Wien, 3. November 1826.
Feldmarschalleutnant Graf Radetzky steht im Vorzimmer der kaiserlichen Residenz und wartet gespannt auf die Audienz bei Seiner Majestät Kaiser Franz I.
Ein Hofbeamter tritt auf ihn zu. »Wenn Sie dies hier ausfüllen wollten, Exzellenz?« fragt er und schiebt ihm ein Formular hin. Radetzky setzt sich, nimmt einen auf dem Tisch liegenden Gänsekiel zur Hand, taucht ihn in das Tintenfaß, liest und schreibt. Name: Graf Johann Josef Wenzel Anton Franz Karl Radetzky de Radetz.
Geboren: 2. November 1766.
Beruf: Soldat.
Angestellt bei: Seiner Majestät Kaiser Franz I.
Stand: verheiratet.
Name der Ehefrau: Franziska Romana Gräfin von Strassoldo-Grafenberg.
Kinder: acht.
Staatsbürgerschaft: Österreich.
Ort der Geburt: Trebenice, Nordböhmen.
Weitere Angaben: 1784 Eintritt in die Armee, 1809 Ernennung zum Feldmarschalleutnant, 1813–1815 Generalstabschef des Fürsten Schwarzenberg.
»Das genügt«, sagt der Beamte und nimmt ihm den Bogen aus der Hand. Dann geht er damit in das Zimmer des Kaisers.
Radetzky bleibt zurück. Was will der Kaiser von ihm? Er ist nervös. Warum ruft er ihn von Ofen zurück, wo er den Posten eines Divisionskommandeurs leitet? Keine ehrenvolle Aufgabe für einen Offizier, der im 2. Koalitionskrieg gegen Napoleon auf dem

italienischen Kriegsschauplatz seine Tapferkeit, Umsicht und Entschlossenheit bewies, der für seine Bravour in der Schlacht bei Novi mit einem der höchsten Orden, dem Ritterkreuz des Militär-Maria Theresienordens ausgezeichnet worden war. Und dann der Sieg in der Völkerschlacht bei Leipzig. War er nicht zum großen Teil auf seine Kappe gegangen? Hatte er nicht zusammen mit dem Fürsten Schwarzenberg den Feldzugsplan ausgearbeitet? Kaum aber war man mit Napoleon fertig, hatte man ihn, den Grafen Radetzky, als Divisionskommandeur zuerst nach Ödenburg und dann nach Ofen abgeschoben.
Und jetzt? Was will der Kaiser von ihm? Vielleicht zu seinem 60. Geburtstag gratulieren, den er gestern gefeiert hat? Oder wartet vielleicht wieder eine größere Aufgabe auf ihn?
Der Oberhofzeremonienmeister tritt ein. »Seine Majestät lassen bitten«, sagt er. Radetzky betritt das Audienzzimmer. Der Kaiser erhebt sich hinter seinem Schreibtisch, Radetzky bleibt in angemessener Entfernung von ihm stehen und salutiert stramm. Der Kaiser erwidert lässig und huldvoll den Gruß, weist dem Grafen einen Stuhl an und nimmt wieder Platz. Radetzky folgt seinem Beispiel.
»Mein lieber Graf«, beginnt der Kaiser sein Gespräch, »ich habe Sie rufen lassen, um Ihnen zu Ihrem sechzigsten Geburtstag zu gratulieren.«
Radetzky springt auf. Seine Augen leuchten. »Majestät!« sagt er überglücklich. »Welche Ehre!«
Der Kaiser winkt ab.
»Und bei dieser Gelegenheit«, setzt er fort, »möchte ich Ihnen die freudige Mitteilung machen, daß

Sie ab sofort in Frühpension gehen können.« Dem Grafen klappt die Kinnlade auf seinen goldgeschmückten Offizierskragen.

»Was haben Sie denn?« fragt der Kaiser besorgt. »Freut Sie das nicht? Andere möchten am liebsten mit dreißig in Pension gehen.«

Radetzky ringt nach Luft. »Majestät«, ruft er aus, »noch ruht der Degen, den ich auf vielen Schlachtfeldern geführt habe, fest in meiner Hand. Ich bin gesund und stark genug, um noch höhere Aufgaben zu übernehmen.«

Der Kaiser fühlt sich unbehaglich. »Ich kann nichts dafür«, sagt er. »Der Sozialminister. Ich bin gezwungen, alle Diener des Staates, sobald sie das sechzigste Lebensjahr erreicht haben, in Frühpension zu schicken. Sie verstehen – im Zuge der Arbeitsbeschaffung.«

»Majestät«, gibt Radetzky zu bedenken, »Ihre Armee braucht kriegserprobte Offiziere. Der Frieden ist noch nicht gesichert. Ich sehe Unruhen im lombardo-venezianischen Raum voraus. Es wird zu einer kriegerischen Auseinandersetzung mit dem Königreich Sardinien kommen. Es geht darum, die Gesamtmonarchie zu erhalten.«

Der Kaiser lächelt wieder. »Mein lieber Graf«, meint er. »Das Volk schert sich einen Schmarren um die Erhaltung der Monarchie. Die Völker sind nicht mehr die, die sie waren, und die Zeiten auch nicht mehr. Heute trachtet man nicht mehr nach Ruhm und Ehre, sondern nach Vollbeschäftigung. Es herrscht Arbeitslosigkeit im Land, und ich, der Kaiser, muß neue Arbeitsplätze schaffen, sonst wackelt auch *mein* Arbeitsplatz, nämlich der Thron. Und wie schafft man neue Arbeitsplätze? Wie der Sozialminister sagt, durch drastische Arbeitszeitverkürzung und durch ein großzügiges Pensionierungsprogramm. Wenn Sie im Dienst bleiben, nehmen Sie einem jüngeren General den Arbeitsplatz weg, und das geht nicht. Sie kriegen achtzig Prozent Ihrer Bezüge, und Ihren Diener können Sie auch behalten. Auch Ihre Dienstkutsche. Außerdem steht Ihnen in dem neuen Pensionistenheim eine Suite zur Verfügung.«

»Was soll ich aber den ganzen Tag machen?« ruft Radetzky verzweifelt.

»Haben S' kein Hobby?« erkundigt sich der Kaiser.

»Mein Hobby ist mein Lebenszweck: als Soldat meine Pflicht zu erfüllen.«

»Na sehen S'! Soldatenspielen können S' auch, wenn S' in Pension sind. Ich spendiere Ihnen einen großen Sandkasten und ein paar Kisten Zinnsoldaten aller Waffengattungen, auch feindliche, und den Sand bekommen Sie aus der kaiserlichen Hofsandgrube. Es ist der schönste Sand der Donaumonarchie und eigentlich nur für den kaiserlichen Nachwuchs bestimmt. Und jetzt reißen Sie sich zusammen – ich wünsche Ihnen einen erholsamen Ruhestand.« Er streckt dem Grafen huldvoll die Hand entgegen.

Radetzky drückt ehrfurchtsvoll die Hand seines Monarchen, verbeugt sich tief, schlägt noch einmal die Hacken zusammen, macht eine zackige Kehrtwendung und marschiert stramm in die Frühpension.

Acht Tage später. Radetzky war in das Pensionistenheim übergesiedelt, sein Diener versuchte, es ihm so angenehm wie möglich zu machen, und die Heimleitung hatte ihm in einer Ecke des Hofes eine große Sandkiste aufgestellt. Radetzky fühlte sich nicht unbehaglich, das einzige, was ihn störte, war die Pianomusik, die im Zimmer neben seiner Suite erklang. Dauernd. Von früh bis abends. Radetzky war kein Musikfeind, aber diese süße Walzermusik war nichts für seine Ohren. Er liebte Trompetengeschmetter, Signale wie Vergatterung, Attacke, Sturm und so weiter.

Eines Morgens stand er bei seiner Sandkiste und stellte eben seine Armee auf, als ein älterer Herr auf ihn zutrat. »Verzeihen, Exzellenz«, sagte er ehrfurchtsvoll, »ich habe bereits gehört, daß Exzellenz der Graf von Radetzky sind, habe es aber nicht gewagt, mich zu präsentieren. Ich bin der Zimmernachbar Eurer Exzellenz.«

Radetzky runzelte die Stirn. »Dann ist Er der, der den ganzen Tag diese Walzer spielt?«

»Ja«, entgegnete der andere bescheiden. »Mein Name ist Strauß. Johann Strauß, Vater.«

»Was?« Radetzky war freudig überrascht. »Er ist der berühmte Compositeur, der die Wiener verrückt macht?«

»Verrückt gemacht hat«, korrigierte Strauß. »Jetzt bin ich in Pension. Ich hätte noch viel musizieren können, Walzer und Quadrillen schreiben, Schnellpolkas und Gavotten, aber Eure Exzellenz verstehen: die Arbeitsbeschaffung. Ich mußte einem Jüngeren Platz machen. Es ist zwar mein Sohn Johann – deshalb habe ich mich früher als Johann Strauß Vater vorgestellt –, ich glaub' aber kaum, daß er ein vollwertiger Ersatz für mich sein wird. Momentan jubeln ihm zwar die Wiener zu, aber ich halte das für einen Scheinerfolg. Mir zuliebe, weil ich sein Vater bin. Die Leute wissen nicht, daß ich meine Familie schon längst verlassen hab'. Aber darf ich fragen, was Exzellenz da bei der Sandkiste machen?«

»Ich schlage die Schlachten, die alle noch kommen werden. Ich habe noch so viele soldatische Kräfte in mir. Ich muß mich austoben. Meinem Vaterland darf ich nicht mehr dienen, weil ich die Altersgrenze erreicht habe, so führe ich halt Krieg mit Zinnsoldaten.«

»Ich darf ja auch nicht mehr komponieren, weil ich schon sechzig bin. Ich schreib' meine Melodien nur noch als Hobby, und die Wiener werden nie danach tanzen können. Es ist ein Jammer«, setzte er traurig hinzu.

»Ein Jammer? Eine Schande ist es!« schnaubte der Graf. »Ich mache Ihm einen Vorschlag: Er darf mir bei meinen Schlachten zuschauen – und ich höre mir Seine Musik an.« Strauß war mit Freuden einverstanden.

Und so hielten es die beiden auch. Am Vormittag sah Strauß Radetzky bei seinen Schlachten zu – am Nachmittag saß Radetzky neben dem Pianoforte und hörte sich die neuen Weisen von Johann Strauß Vater an.

Eines Tages sagte Radetzky: »Morgen muß Er zeitlich auf Seinem Posten sein – ich greife im Morgengrauen an.«

Um drei Uhr früh war Strauß gestellt. Radetzky hatte die Truppen bereits versammelt. »Hier sind die Piemontesen«, erklärte er. »Sie haben den Sandrücken südlich der Stadt Novara besetzt. Die Österreicher ziehen sich zurück. Signal!«

»Tatataratata!« machte Strauß, während Radetzky die Truppen neu formierte. »Jetzt«, ruft er begeistert, »trifft die Spitzendivision des zweiten österreichischen Armeekorps ein! Sturm!«

»Tataratatatatataratatatata!« macht Strauß und hilft dem zweiten Armeekorps beim Vorrücken.

»Die Piemontesen werden zurückgeworfen!«

»Zurück!« ruft Strauß und zieht die Truppen zurück.

»Geschützfeuer!«

»Bumbumbumbum!«

»Tambour, die Trommel, damit sich die Leute in der finsteren Nacht wieder sammeln können!«

»Trrrrrrr!«

»Hurrageschrei vom linken Flügel!«

Strauß rennt nach links. »Hurrrra!« schreit er.

»Hurrageschrei von rechts!«

»Hurrrra!« Strauß rennt nach rechts, rutscht aus, fällt hin.

»Wir haben gesiegt!« ruft Radetzky. »die Piemontesen flüchten! König Karl Albert gibt auf!« Strauß sieht den Feldherrn bewundernd an. »Das war die letzte Schlacht«, sagt Radetzky, als sie zum Mittagessen gehen. »Sie wäre unter dem Namen ›Schlacht von Novara‹ in die Geschichte eingegangen. Damit hätte ich dem Kaiser Oberitalien erhalten.«

Als er am Nachmittag wie immer zu Strauß kam, erhob dieser sich eben vom Klavier und sagte bescheiden: »Ich war heute morgens von dem strategischen Genie Eurer Exzellenz so angetan, daß ich mir erlaubt habe, ein Stück zu komponieren, welches ich Eurer

RANG.

Exzellenz in aller Untertänigkeit widmen möchte.«
»Laß Er hören«, brummte Radetzky geschmeichelt.
Strauß setzte sich ans Piano, und zum erstenmal erklang die Melodie, der heute noch ganz Österreich zujubelt und die in der ganzen Welt bekannt ist: der Radetzkymarsch.
Der junge Offizier aber, der anstelle Radetzkys die Armee anführte, verlor sämtliche Schlachten, und die Monarchie hatte den Verlust Veneziens und der Lombardei zu beklagen.

Was Sie, liebe Leserinnen und Leser, eben in sich aufgenommen haben, entspricht nicht der Wahrheit. Es ist eine Satire. Dichterische Freiheit. Strauß und Radetzky lebten wohl zur selben Zeit, waren aber nicht im selben Alter. Radetzky wurde nicht in Frühpension geschickt, er wurde mit siebzig Jahren Feldmarschall, gewann mit zweiundachtzig die Schlacht von Custoza, mit dreiundachtzig die Schlacht von Novara. Er blieb bis zu seinem einundneunzigsten Jahr Generalgouverneur von Oberitalien, dann erst legte Kaiser Franz Joseph ihm nahe, sich pensionieren zu lassen. Bei seinem triumphalen Einzug in Wien, als Sieger von Custoza und Novara, komponierte und dirigierte Johann Strauß Vater, der natürlich ebenfalls nicht zwangspensioniert worden war, den Radetzkymarsch.
Der Schreiber wollte nur aufzeigen, welche Folgen die Zwangspensionierungen für die Welt gehabt hätten. Die Monarchie wäre früher zerfallen, Goethe hätte mit zweiundachtzig Jahren seinen »Faust, 2.

Teil« nicht schreiben dürfen, Verdi mit dreiundneunzig nicht seinen »Falstaff« – und auch dieses Buch wäre nicht geschrieben worden. Ich bin nämlich auch schon sechzig vorüber.

Unsere Hochhäuser werden mit einer unerhörten Rasanz gebaut. Während die Dachdecker oben noch das Dach aufsetzen, ziehen unten bereits die ersten Mieter aus, weil die Wohnkosten so gestiegen sind.
Anders war es bei dem Gebäude, von dem ich jetzt erzählen will. Es hieß in der Bevölkerung nur:

Der geheimnisvolle Monsterbau

Inmitten einer benachteiligten Region voller Strukturarmut entstand ein Monsterbau. Die gesamte Bauwirtschaft der Region plus den Zulieferfirmen waren an diesem Riesenprojekt beteiligt. Es gab weit und breit keinen arbeitslosen Bauarbeiter mehr, der Wirtschaft der Region winkten Millionenaufträge, aus war es plötzlich mit dem großen Krisengeschüttel.
Dafür aber plagte alle die Neugierde. Wem gehört der Monsterbau? Von woher fließen die Gelder? Was wird sich aus dem Bau herausmausern? Eine Wohnbauanlage? Eine Fabrik? Ein Schulzentrum, ein Krankenhaus? Ein großes Fragen hub an, auch in der lokalen Presse. Die regionalen Politiker, sonst Meisterwerfer großer Worte, ließen nur knappe Auskünfte über ihre Lippen kommen und verwiesen auf die zuständigen Stellen. Diese bestritten ihre Zuständigkeit und verwiesen auf noch zuständigere. Diese wieder beriefen sich auf das Amtsgeheimnis. »Da stecken die Amis dahinter«, sagten die einen. »Die Sowjetrussen«, sagten die anderen. »Die Araber«, sagten die dritten, »Das wird eine Moschee.« Auf jeden Fall war man sich einig, daß sich eine Menge ausländischer Investoren zusammengetan haben mußten, die man mit hohen Subventionen ins Land gelockt hatte. »So sichert die Regierung Wohlstand und Arbeitsplätze«, schrieb der eine Teil der Presse. »So vergeudet man unsere Steuergelder«, schrieb der andere. »Die bauen uns ein verkapptes Atomkraftwerk vor die Nase«, unkten die Schwarzseher. »Das wird eine chemische Fabrik, die man anderswo abgelehnt hat«, schimpften die Grünseher.
Natürlich gab es auch breite Bevölkerungsschichten,

die sich freuten und sagten: »Wozu das Herumraten? Hauptsache, die Wirtschaft der Region floriert. Uns ist es noch nie so gut gegangen.«
Der Bau wuchs ins Gigantische. Man gewöhnte sich an ihn. Kein Mensch fragte mehr, was daraus werden sollte. Man hatte gelernt, mit ihm zu leben. Die Firmen wurden bezahlt, die Region blühte auf. Die Gegend, früher auch im Fremdenverkehr benachteiligt gewesen, hatte endlich eine Attraktion. Scharen von Ausländern kamen angeflogen und angefahren und bestaunten das Kolossalwerk. Man eröffnete Gasthäuser und Hotels, die Menschen mußten ja schließlich verköstigt und untergebracht werden. Souvenirshops entstanden, man bekam Fotos von dem Monsterbau, ferner winzige Modelle als Anhänger für Schlüsselketten, und bald gab es auch Juweliere, die das Gebäude, in Miniatur aus Silber und Gold, als Broschen verkauften.
Reporterteams aus aller Herren und Damen Länder (merkt ihr was, liebe Emanzen?) kamen angetrudelt, um über das Riesenprojekt zu berichten. Sie wollten das Geheimnis ans Licht bringen, tappten aber dabei ins Dunkle. Man schrieb Bücher darüber, die nichts sagten, weil sie nichts wußten, man traf sich bei Seminaren und ging wieder auseinander, Hollywood erwarb die Filmrechte, es bezahlte Millionen dafür, die wieder in den Bau gesteckt wurden, aber was für ein Film es werden sollte, wußte man auch in Hollywood nicht.
Endlich, nach jahrelanger Bauzeit, war der Tag der Fertigstellung gekommen, der Bau sollte seiner Bestimmung übergeben werden. Ehrentribünen wurden

errichtet, Blumengirlanden gebunden, Anschlüsse für die Massenmedien geschaffen, die ganze Welt sollte dabei sein. Der Zustrom der Neugierigen war enorm. Der Festplatz war zum Bersten voll, die Ehrentribünen bogen sich unter der Masse der Prominenz.

Punkt neun bestieg der Landeshauptmann der Region das mit Mikrofonen bespickte Rednerpult. Die Menge sperrte den Mund auf. Jetzt mußte das Geheimnis gelüftet werden.

»Sehr verehrter Herr Bundespräsident! Sehr verehrter Herr Bundeskanzler! Sehr verehrte Herren Minister! Meine Damen und Herren!« begann der Landeshauptmann. »Jahre emsiger Bauarbeit liegen hinter uns, und vor uns steht ein Bau gigantischen Ausmaßes, der noch lange in die Zukunft weisen wird. Ein Jahrhundertbau!« Großer Applaus.

»Mit diesem Bau hat unsere Region eine Infrastruktur erreicht, die wir durch keinen anderen Strukturwandel erlangt hätten.«

Wieder großer Applaus.

»Mit diesem Bau hat unsere Region ein Pro-Kopf-Einkommen erreicht, das anderen nicht in den Kopf gehen will.« Noch größerer Applaus.

»Und nun, meine Damen und Herren, ist der Augenblick gekommen, da dieses Riesenwerk seiner Bestimmung übergeben werden soll.« Atemlose Spannung. Die Welt spitzte die Ohren.

»Dieser Bau ist kein verkapptes Atomkraftwerk, es ist eine atombetriebene Mehrzweckanlage, in der nur umwelt- und menschenfreundliche Produkte hergestellt und verkauft werden sollen.«

Die Welt fiel aus allen Wolken.
»Die Industrie«, sprach der Landeshauptmann weiter, »hat sich in der letzten Zeit verproduziert. Zuviel Zeug ist auf den Markt geworfen worden. Jetzt hokken die Produzenten darauf herum, den Managern stehen die Haare zu Berge, und sie glauben in Krisengipfeln den Gipfeln der Krise die Spitzen nehmen zu können. Ein Bergdrama.«
Kaum war das Wort ausgesprochen, mietete Hollywood telefonisch den Großglockner als Schauplatz für seine Dreharbeiten.
»Sie rutschten auf dem harten Eise der Gegebenheiten«, setzte der Landeshauptmann fort, »in die Tiefen der Insolvenzen. Während aber die Stürme der Wirtschaftsflauten über die Krisengebirge tobten, haben wir zum Sturm auf neue Ideen geblasen.«
Hollywood engagierte sofort ein Blasorchester von tausend Mann sowie Lenny Bernstein als Komponisten für die Filmmusik.
»Wir haben uns gedacht, Umdenken heißt das Gebot der Stunde und haben unseren heimischen Firmen den Auftrag gegeben, Produkte zu entwickeln, die es bisher noch nicht gegeben hat und die die Menschheit schon längst gebraucht hätte. Oder hat es bisher eine Brille gegeben, durch die man mit ungedämpftem Optimismus in die Zukunft sehen kann? Nein. Ein Betrieb unserer Region hat eine solche entwickelt. Mit dieser Brille kann selbst der Kurzsichtigste noch goldene Zeiten sehen.« Noch stärkerer Applaus, besonders auf der Politikertribüne. »Welche Firma hat bisher künstliche Zähne erzeugt, die man auch dem Schicksal zeigen kann? Keine. Uns ist es gelungen.«

Wieder starker Applaus.
»Hat es bisher Karten gegeben, auf die man alles setzen kann? Nein. Bei uns wurden sie geschaffen.«
Applaus. Hollywood war ratlos. Was für ein Film sollte das werden?
»Sehen Sie, meine Damen und Herren, diese Firmen und noch viele andere werden in dieses Bauwerk einziehen und diese Artikel und noch viele andere erzeugen. Dazu ist dieses Riesenprojekt gebaut worden.«
Großer Applaus.
»Im Erdgeschoß des Westflügels wird ein Betrieb untergebracht werden, der Schaukeln erzeugt, mit denen man die schwersten Dinge mit Leichtigkeit schaukeln kann.« Starker Applaus.
»In das Erdgeschoß des Ostflügels kommt eine Tischlerei, die Bänke erzeugen wird, auf die man alle Probleme problemlos auf die lange Bank schieben kann.«
Starker Applaus, besonders von der Politikertribüne.
»Dazu Tische, von denen man alles wischen kann.«
Noch stärkerer Applaus.
»In der Etage darüber wird sich eine Teppichknüpferei etablieren, die Teppiche erzeugt, unter die man alles kehren kann.«
Frenetischer Applaus von der Politikertribüne.
»Eine Firma hat sich gemeldet, die Sägen erzeugen wollte, womit man die Äste absägen kann, auf denen andere sitzen. Wir haben diesen Antrag abgelehnt.«
Schwacher Applaus, besonders von den Politikern.
»Auch eine Firma, die Pfeifen erzeugen wollte, nach denen man alle tanzen lassen konnte, wurde von uns abgewiesen.«
Die Politiker enthielten sich des Beifalls.

»Hingegen haben wir einen Betrieb gefördert, der Decken erzeugt, nach denen man sich bequem strekken kann. Ein wichtiger Artikel für unsere Zeit.«
Großer Applaus, jetzt auch wieder von den Politikern, der Finanzminister ließ sich zu Hochrufen hinreißen. Hollywood löste den Vertrag mit dem Blasorchester und mit Leonard Bernstein. Es bestellte eine Decke, nach der man sich strecken kann und engagierte einen österreichischen Komponisten mit einer Mundharmonika.
Der Landeshauptmann fuhr fort. »Ein Tochterbetrieb, der in die ersten Etage des Westflügels einziehen wird, wird Böden erzeugen, die man nie unter den Füßen verlieren kann.« Ganz großer Applaus, die Politiker beglückwünschten sich.
Die Aufzählung der Betriebe ging weiter, dann wurde das Bauwerk feierlich eröffnet. Die Artikel gingen weg wie die warmen Semmeln, der Weltmarkt war im Nu erobert. Nur mit zwei Erzeugnissen hatte man Pech. Ein Süßstoffwerk erzeugte einen Süßstoff, der den Menschen das Leben versüßen sollte, was Gott bekanntlich bereits mit dem Paradies versucht hatte. Das Produkt war einwandfrei, doch die Menschen hatten nicht die Gabe, es richtig zu gebrauchen. Das zweite Erzeugnis waren Balken, die man nicht nur im Auge des anderen, sondern auch im eigenen Auge sehen konnte.

Mit diesen beiden Produkten ging das Monsterwerk pleite.

Tagebücher sind wieder modern. Wieso? Dafür gibt es eine einfache Erklärung. Die heutigen Kinder haben Probleme. Sie kommen damit zu ihren Eltern, aber Vater und Mutter haben keine Zeit, Vater arbeitet, Mutter arbeitet, und so vertrauen sie sich ihrem Tagebuch an. Natürlich sollten sie dann ihr Leben immer so leben, daß sie ihre Tagebücher später einmal nicht verstecken müssen. Das tun sie nicht immer. Lesen Sie folgende heiße Geschichte:

Aus dem Tagebuch einer Dreizehnjährigen

Mein Schwager Walter Goldmann und seine Frau Hermine, die Eltern meines Neffen Ladi, damals acht, hatten Besuch. Hermines Schwester Paula, die mit ihrem Mann in München lebte, war mit ihrer Tochter Monika, vierzehn, nach Wien gekommen. Monika sollte einen Monat bei ihren Verwandten bleiben, während ihre Eltern eine Amerikareise machten. So war die Situation, als Hermine, ein Tagebuch in der Hand, entsetzt in das Zimmer ihres Mannes stürzte.

»Es ist unerhört!« rief sie außer sich. »Unerhört! Wer hätte das gedacht?!«

Walter, der bei seinem Kaffee saß, sah von der Zeitung auf. »Wer hätte *was* gedacht?« fragte er. Er hatte immer ein schlechtes Gewissen und fragte sich sofort, von wem Hermine wieder einmal etwas erfahren haben könnte. Aber diesmal war er unschuldig.

»Dieser Fratz, dieser verworfene!« schluchzte Hermine. »So etwas ist meine Nichte! Sie wird unseren armen Ladi verderben!«

»Was ist denn los?«

»Ich habe eben Monikas Tagebuch gefunden.«

»Gefunden?« zweifelte Walter.

»Ja, gefunden! Ich wollte ihren Schreibtisch aufräumen, dabei fiel das Tagebuch hinunter, schlug sich von selbst auf, ohne daß ich es wollte, fielen mir ein paar Wörter in die Augen und da hielt ich es für meine Pflicht, die ganze Seite zu lesen.«

»So wie du meine Briefe liest, auch wenn sie nicht hinunterfallen und sich von selbst aufschlagen.«

»Sei nicht zynisch, ich bin das meiner Schwester schuldig. Schließlich sind wir für Monika verantwort-

TAGE-
BUCH
RANG.

lich. Morgen schicke ich sie nach Hause. Ein Skandal! Ein vierzehnjähriges Mädchen!«
»Was hat sie denn so Fürchterliches geschrieben? Ich finde nämlich, daß uns das gar nichts angeht.«
»So? Dann lies! Dieses Buch grenzt an Pornographie!«
»Ach so?« Walter wurde neugierig. »Gib her!« sagte er. Hermine gab ihm das Tagebuch, Walter sah auf das Datum. »Die Eintragung ist vom vorigen Jahr.«
»Eben!« entrüstete sich Hermine. »Damals war sie erst dreizehn!«
Walter las laut, was seine Nichte geschrieben hatte: »Ich lag da, mein Kopf ruhte auf dem kühlen Polster. Er kam zu mir. Lächelnd sah er mich an. ›Angst?‹ fragte er. Ich schüttelte den Kopf. Und doch. Es war nicht Angst, was ich verspürte, es war eine Art Beklemmung. Mir war bange. Bange vor etwas Unbekanntem. Wie war es nur dazu gekommen? Kennengelernt hatte ich ihn auf einer Party, die meine Eltern gaben. Ich war bestürzt, als er das erstemal davon sprach. Als ich ihn aber wiedersah, war es mir klar, daß es einfach sein *mußte.* Schüchtern klopfte ich an seine Tür und trat ein. Ich war verlegen, weil ich schließlich doch nachgegeben hatte. Er erriet meine Gedanken. Lächelnd gab er mir einen Schluck Kognak. Ich zitterte. Wie wird es sein, fragte ich mich. Werde ich Schmerzen haben? Er sprach beruhigend auf mich ein, dann beugte er sich über mich. Ich lehnte den Kopf zurück und schloß die Augen. Ich konnte seinen Atem fühlen, mein Herz schlug wie nie zuvor. Da – ein kurzer stechender Schmerz – und alles war vorbei. Ich war nur noch selig.«

Walter blätterte um.
»Na?« Hermines Empörung hatte sich noch gesteigert. »Was sagst du dazu? Auf einer Party ihrer Eltern hat sie ihn kennengelernt. Anscheinend ein reifer Mann. Wahrscheinlich sogar verheiratet. O, dieser Wüstling! Anzeigen muß man ihn!«
Walter blieb ruhig. »Hast du umgeblättert?« fragte er.
»Nein.«
»Dann blättere um und lies weiter.« Er gab Hermine das Buch. Hermine wiederholte den letzten Satz: »Und alles war vorbei. Ich war nur noch selig.« Sie blätterte um und las weiter: »Ich habe mir meinen ersten Zahn ziehen lassen!«

Das Schlimme für unsere Kinder ist, daß wir ihnen nicht glauben wollen, daß sie Kinder sind.

Die Wettervorhersage wäre viel genauer, wenn die Herren, die sie erstellen, vorher den Kopf aus dem Fenster stecken würden. Es gibt viele unglaubliche Märchen und Sagen, aber die unglaublichste aller Sagen ist die Wettervorhersage. Ich beweise das durch

Zwei Wettergeschichten

I

In der Wetterredaktion des Fernsehens stand das Barometer auf Sturm. Die Augen des Chefs blitzten unheildrohend, und seine Stimme donnerte, als er sprach: »So kann das nicht weitergehen, meine Herren! Sie müssen etwas finden, das es uns ermöglicht, das Wetter genauer vorhersagen zu können!«

»Wie stellen Sie sich das vor?« wagte einer der Redakteure zu entgegnen. »Die Zeiten sind vorüber, wo uns ein Glas mit einem Frosch und einer Leiter drinnen genügte. Klomm der Frosch die Leiter hinauf, wußten wir, es gibt schönes Wetter, blieb er unten sitzen, wußten wir es gibt schlechtes Wetter. Das war noch verläßlich. Da kannte man sich aus.«

»Der Rheumatismus meiner Schwiegermutter war auch nicht zu verachten«, meinte ein zweiter. »Schmerzen im linken Knie lokale Regenschauer, Schmerzen im rechten Knie ausgiebiger Schneefall, linker Ellenbogen Hagel, rechter Ellenbogen Glatteisgefahr. Hatte sie leichte Schmerzen, bedeutete das heiter bis wolkig, und hatte sie gar keine, bedeutete es Sonnenschein. Seitdem es überall Rheumakuren gibt, hat sie keinen Rheumatismus mehr. Es ist zu schade.«

»Und der Kopf meiner Frau?« erinnerte ein dritter sich elegisch. »Hatte sie Kopfschmerzen, wußte ich, es wird föhnig, hatte sie keine, gab es auch keinen Föhn. Bei den heutigen Medikamenten ist sie nicht mehr wetterfühlig.«

»Alles war einfacher, ehe die Computer kamen«, sagte ein vierter. »Seit wir die Computer haben, ist die Wettervorhersage ungenau – und seit wir sie via Satel-

lit empfangen, stimmt sie überhaupt nicht mehr.«
»Trotzdem«, sprach der Chef, »muß etwas geschehen. Da, sehen Sie her!« Er zeigte auf einen Wäschekorb voll mit Briefen. »Lauter Beschwerden! Und diese Menge bekommen wir jeden Tag!« Er zog einen Brief heraus. »Da schreibt ein Gastwirt aus der Umgebung Wiens: ›Ihr Trotteln! Das war das herrliche Wetter, das ihr für das Wochenende prophezeiht habt? Ich habe mich mit Schweinsbraten und Schnitzeln eingedeckt, und dann hat es geregnet, daß wir bis über die Knöcheln im Wasser gestanden sind! Ihr seid eine rote Brut, die nur will, daß der Unternehmer zugrunde geht! Kein Mensch ist gekommen! Wir sitzen auf einem Fleischberg!‹ Da«, er nahm einen zweiten Brief und las: »›Ihr faschistisches Gesindel! Wo war das schlechte Wetter, von dem ihr uns erzählt habt? Meine Frau und ich wollten ein paar Ferientage in Kärnten genießen, ihr Stümper habt uns gesagt, daß es regnen wird, wir sind zu Hause geblieben, und dann war in Kärnten heller Sonnenschein!‹« Er nahm einen dritten: »›Wo, ihr Pfuscher, war der Kälteeinbruch, den ihr für Vorarlberg prophezeiht habt? Unsere Bäder waren leer, und dabei hatten wir 28 Grad Hitze im Schatten!‹ In diesem Sinn gibt es von jedem Brief hunderte! Denken Sie nach, überlegen Sie – vielleicht fällt Ihnen etwas ein, wie wir unsere Vorhersage genauer erstellen können.«
»Ich wüßte etwas«, meinte einer der Herren zögernd, »aber ich muß sagen, ich schäme mich ...«
»Schämen Sie sich nicht! Sprechen Sie! Los!«
»Meine Tante«, setzte der Herr fort, »verbringt jeden Sommer ihre Ferien in einem kleinen Ort im Wald-

viertel. Dort, so erzählt sie, gibt es einen alten Bauern, der die Fähigkeit besitzt, das Wetter genau vorauszusagen.«

»Unsinn«, meinten die einen. »Warum? So etwas gibt es«, die anderen.

»Wissen Sie, wie der Mann heißt?« fragte der Chef.

»Loidl.«

»Und die Ortschaft?«

»Neumarkt.«

»Dann kommen Sie, wir fahren hin.« Die beiden fuhren nach Neumarkt im Waldviertel und fragten dort nach dem Loidlbauern. Sie bekamen seine Adresse, gingen hin und sahen durch das Fenster. Da saß er auf der Ofenbank, die Pfeife im Mund, tausend Falten im Gesicht, mindestens hundert Jahre alt.

»Das muß er sein«, flüsterte der Chef fast ehrfürchtig.

»Sie glauben an seine Fähigkeit?!« wisperte der andere.

»Unbedingt«, flüsterte der Chef wieder. »Es gibt solche Wunder. Der Mann hat seit mindestens neunzig Jahren mit dem Wetter zu tun, er ist abhängig von der Witterung. Er muß wissen, wann er zu säen hat, er muß sicher sein, daß er seine Ernte gut einbringt und viele andere Dinge mehr. Vielleicht richtet er sich nach den Wolken ... vielleicht nach den Sternen ...«

»Vielleicht nach dem Mond«, meinte der andere, »oder nach dem Flug der Vögel ...«

»Es gäbe noch viele Möglichkeiten«, lispelte der Chef. »Der Geruch der Luft ... die Stärke des Windes ... Kommen Sie! Gehen wir hinein.« Die beiden traten in die Stube und begrüßten den Bauern, zu erkennen gaben sie sich nicht. Sie fragten ihn, ob er für den Sommer ein Zimmer zu vermieten hätte, ob man bei ihm auch essen könne, sie erkundigten sich nach diesem und jenem und kamen dann auf das Wetter zu sprechen.

»Wir haben gehört«, sagte der Chef, »daß Sie das Wetter so genau voraussagen können. Stimmt das wirklich?«

»Freili«, sagte der Loidlbauer, »das stimmt.«

»Interessant«, meinte der Chef. »Könnten Sie uns verraten, wie Sie das machen?«

»Natürli kann i das.« Der Loidlbauer zog an seiner Pfeife. »Das is ja koa Kunst net. I schau mir am Abend den Wetterbericht im Fernsehen an – und sag' dann genau das Gegenteil.«

Der Chef hatte recht: Es gibt solche Wunder. Ich erinnere mich an einen Bauern, der wieder andere Dinge voraussagen konnte, als das Wetter. Er hielt sich an die uralten Bauernregeln. »Wenn am Freitag«, sagte er zum Beispiel, »die Wolken über dem Berg stehen, is am nächsten Tag Samstag.«

II.

Meine Frau kann das Wetter voraussagen. Nicht jedes Wetter, nur Regenwetter, und auch das nicht immer, sondern nur für einen Tag, und zwar für den Tag, an dem sie zum Friseur geht. Am Vormittag herrscht noch eitel Sonnenschein, am Nachmittag, wenn sie sich fertigmacht, um ihren Hairdresser aufzusuchen, ziehen die ersten Wolken auf, und wenn sie behandelt wird (Haare schneiden, Kopf waschen, frisieren und maniküren etc.), öffnet, um es poetisch auszudrükken, der Himmel alle Schleusen. Nicht nur, daß es in Strömen gießt, meine Frau kann seit neuestem auch schon Gewitter mit Donner, Blitz und Hagel machen. Im Institut für Meteorologie und Geodynamik sind sie jedesmal ratlos. Sie können sich den plötzlichen Wetterumsturz nicht erklären. Sie wandten sich bereits an die Sternwarten von Bochum und Greenwich, aber auch dort konnte man ihnen nicht helfen. Wie sollte man auch? Sie haben von dem Phänomen keine Ahnung und machen Russen und Amerikaner mit ihren Weltallprogrammen dafür verantwortlich. Und die beiden Supermächte setzen schon Forscher und Agenten ein, um herauszubekommen, welche Geheimwaffe die andere besitzt, mit der sie Gewitter erzeugen kann. Wir natürlich lächeln nur mitleidig, wenn der Wettermann abends im Fernsehen für den nächsten Tag schönes Wetter prophezeiht, weil wir wissen, daß meine Frau am Nachmittag einen Friseurtermin hat, und da regnet es mit Bestimmtheit. Die Sache geht schon so weit, daß unsere Freunde anrufen und sich erkundigen, wann meine Frau zum Friseur geht, weil sie ihre Dispositionen danach treffen. Und es spricht sich herum. An ihrem letzten Geburtstag bekam sie von dem Besitzer des Regenschirmgeschäftes an der Ecke ein prachtvolles Blumenarrangement, weil der Verkauf von Schirmen bei plötzlichem Einsetzen eines Regens auf das Zehnfache ansteigt, während sich der Erzeuger von Regenmänteln und -hüten, der sich gegenüber befindet, sogar bereit erklärte, meiner Frau die Friseurspesen zu ersetzen, wenn sie, anstatt zweimal im Monat, einmal

RANG

in der Woche zu ihm gehen würde. Meine Frau lehnte ab.

Eines Tages war es wieder so weit – meine Frau ging zum Friseur. Am Vormittag rief ihre Freundin, Mela Robinson, an. Nach einigen belanglosen Sätzen fragte sie wie beiläufig: »Wann gehst du eigentlich zum Friseur?« »Heute«, sagte meine Frau. »Na, da wird es ja nachmittags regnen«, meinte Mela und verabschiedete sich.

Melas Gedanken: Mein Mann hat mir heute früh vorgeschlagen, angesichts des schönen Wetters, am Abend irgendwo im Freien zu essen. Nun geht aber Cissy zum Friseur, es wird also regnen, er wird mich anrufen, daß das Essen im Freien flachfällt und daß er in der Kanzlei bleiben und Akten aufarbeiten wird. Das wäre endlich einmal eine Gelegenheit, mich mit dem jungen Mann zu verabreden, den ich auf der Party bei Spannagls kennengelernt habe, und der mich seither unbedingt wiedersehen will. Vielleicht in dem neuen Restaurant mit den dunklen Logen, von dem mir Vera Wronsky erzählt hat. Wie hieß er nur? Dr. Winter. Sie rief ihn an.

Zur selben Zeit telefonierte ich mit Robinson, Melas Mann. »Wollt ihr nicht heute abend mit uns irgendwo im Freien essen?« fragte er hinterhältig. »Leider«, sagte ich, »meine Frau geht zum Friseur, und wir haben besprochen, am Abend zu Hause zu bleiben.« »Schade«, bedauerte Robinson.

Robinsons Gedanken: Ich habe Mela heute früh vorgeschlagen, angesichts des schönen Wetters, am Abend irgendwo im Freien zu essen. Nun geht aber Cissy zum Friseur, und es wird regnen. Ich werde also zu Hause anrufen, daß das Essen im Freien flachfällt und daß ich in der Kanzlei bleiben und Akten aufarbeiten werde. Natürlich werde ich das *nicht* tun, ich werde vielmehr meine neue Klientin, diese bezaubernde Blondine anrufen und sie bitten, sich mit mir zu treffen, um den Erbschaftsprozeß noch einmal durchzusprechen. Vielleicht in dem neuen Restaurant mit den dunklen Logen, von dem mir Wronsky erzählt hat. Wie hieß sie nur? Tamara Sommer. Er rief sie an.

Gegen Mittag traf ich Spannagl auf der Straße. »Wie geht es deiner Frau?« fragte er. »Gut«, antwortete ich. »Am Nachmittag geht sie zum Friseur.« Hei! durchzuckte es Spannagl, wenn Cissy zum Friseur geht regnet es, ich könnte meiner Frau sagen, daß ich zu dem Empfang der chinesischen Handelsdelegation gehen muß, die gekommen ist, um geschäftliche Verbindungen zwischen der Volksrepublik China und unserem Land anzuknüpfen. Natürlich werde ich *nicht* zu den Empfang gehen, sondern werde Roswitha bitten, etwas länger im Büro zu bleiben, so wie das letztemal, wo wir uns sehr gut unterhalten haben. Roswitha war seine Sekretärin.

Was geschah? Das schöne Wetter hielt an, es gab keinen Regen. Robinson kam mit Tamara Sommer in das neue Restaurant mit den dunklen Logen und traf seine Frau in heftigem Flirt mit Dr. Winter. Es kam zum Streit, Winter und Sommer zogen sich verlegen zurück, man sprach von Scheidung, da aber beide Teile schuldig waren, versöhnte man sich wieder.

Aber das war nicht alles. Spannagl und Roswitha blieben nicht im Büro, das Wetter war zu schön, sie fuhren zum Heurigen. Roswitha vergaß dort ihr Täschchen mit Lippenstift und Puder, der Heurigenwirt, der Spannagl kannte und Roswitha für seine Frau hielt, schickte das Täschchen an Frau Trude Spannagl. Auch dort kam es zum Streit, auch dort sprach man einige Tage von Scheidung, auch dort versöhnte man sich wieder.

Und das alles, weil es *einmal* nicht geregnet hatte, obwohl meine Frau zum Friseur gegangen war. Die Erklärung? Sie *war* nicht zum Friseur gegangen. Sie hatte unterwegs eine Schulkollegin getroffen, die sie lange nicht gesehen hatte, und hatte sich mit ihr ins Café Imperial gesetzt, um zu plaudern. Den Termin beim Friseur hatte sie abgesagt.

Erst einige Tage später ging sie hin, und es regnete wieder in Strömen. Sowohl der Schirm- als auch der Regenmäntelerzeuger, die meine Frau nicht mehr gegrüßt hatten, wenn sie an ihren Geschäften vorüberging, schicken ihr wieder Blumen und sagen »Küß die Hand«, sobald sie sie sehen.

Im Leben eines jeden Menschen gibt es Regen und Sonnenschein, aber selten an den Tagen, an denen es der Wetterbericht prophezeiht.

Es gibt, entgegen den Ansichten vieler Miesmacher, genug glückliche Ehen. Wer da behauptet, daß jede dritte Ehe geschieden wird, während die beiden anderen bis zur bitteren Neige ausgekämpft werden, der hat unrecht. Was natürlich zu einer guten Ehe gehört, ist ein Kind. Erst ein Kind garantiert das richtige

Eheglück

Roger Mills, der berühmte Hollywoodregisseur, hat geheiratet. Eine Achtzehnjährige. Es ist kein Fehler, eine Achtzehnjährige zu heiraten, wenn man fünfundzwanzig oder dreißig ist. Roger war aber bereits sechzig. Nun war er genau ein Jahr verheiratet, als seine Frau ihm ein Kind schenkte. Einen Jungen. Roger war glücklich. Das sagte er auch der Reporterin der »Times«, als sie ihn auf das Ereignis hin interviewte.
»Ja«, jubelte er, »ich bin glücklich! Überglücklich! Es ist meine vierte Ehe, aber es ist das erstemal, daß ich Vater geworden bin. Sind Sie Mutter?«
»Nein.«
»Dann wissen Sie nicht, was ein Kind für eine Ehe bedeutet. Es ist der Kitt, der zwei Menschen zusammenhält.«
»Ich darf also schreiben: Roger Mills liebt sein Baby.«
»Ja, schreiben Sie es. Alle sollen es wissen. Schreiben Sie: Roger Mills vergöttert sein Baby! Glauben Sie mir, ich weiß erst jetzt, was leben heißt. Das Baby läßt mich alles vergessen. Alle Sorgen, allen Ärger, die ganze Glitzerwelt, in der wir hier stecken. Es bedeutet mir nichts mehr, wenn Barbra Streisand verrücktspielt, wenn Shirley MacLaine ihre Rolle zurücklegt, wenn Paul Newman es ablehnt mit mir zu arbeiten oder Walter Matthau darauf besteht, daß ich seinen nächsten Film inszeniere. Es ist alles unwichtig geworden. Verstehen Sie das?«
»Nicht ganz, aber ...«
»Ich werde es Ihnen erklären. Angenommen, Barbra spielt verrückt. Früher wäre ich nach Hause gekommen, hätte mich an die Bar gesetzt und einen Whisky nach dem andern getrunken. Was, hätte ich mich dau-

ernd gefragt, mache ich bloß? Morgen ist wieder Aufnahme. Gehe ich auf sie zu, gebe ihr wie immer einen Kuß auf die Wange und tue, als ob nichts gewesen wäre – oder schaue ich durch sie hindurch und gebe ihr kalt meine Anweisungen. Mache ich, als ob nichts gewesen wäre und gebe ihr einen Kuß auf die Wange, könnte es passieren, daß sie schreit: ›Du vergißt wohl, daß ich dich gestern beleidigt habe, du Schwein! Ich lehne es ab, mit dir weiterzudrehen! Ich verlange einen andern Regisseur!‹ Schaue ich durch sie hindurch und gebe ihr kalt meine Anweisungen, könnte es sein, daß sie schreit: ›Du vergißt wohl, wer ich bin! Ich lasse mich nicht wie ein Starlet behandeln! Ich verlange einen andern Regisseur!‹ Dabei hätte ich immer getrunken und getrunken – so war es früher.«
»Und wie ist es jetzt?«
»Jetzt«, erwiderte Roger selig. »jetzt komme ich nach Hause und lasse sämtliche Barbra Streisands der Welt hinter mir liegen. Ich setze mich an die Wiege meines Kindes, es streckt mir seine Ärmchen entgegen, ich nehme es heraus, hebe es hoch, tanze mit ihm durch das Zimmer und freue mich, wenn ich es zum Lachen bringe. Ich habe dem Kind drei Erkenntnisse zu verdanken. Erstens bin ich durch das Baby draufgekommen, daß alles im Leben nichtig ist. Wichtig ist nur das Heim und die Familie. Zweitens bin ich durch das Baby draufgekommen, daß wir in unseren Kindern weiterleben, und daß nichts verlorengeht von dem, was wir geschaffen haben.«
»Und drittens?« fragte die Reporterin, als Roger eine kurze Pause machte.
»Drittens«, sprach Roger weiter, »bin ich durch das

Baby draufgekommen, daß meine Frau mich betrogen hat. Ich bin nicht der Vater.«

In der Ehe ist es wie in einer Konditorei. Man sucht sich etwas frisch und gut aussehendes aus – und bezahlt später.

Lieber Leser, schöne Leserin! Wenn Sie alle Seiten dieses Buches bis hierher brav gelesen haben, wird Ihnen auch »Der Ring des Polykrates«, der Treff zwischen den Herren Rott und Jorisch, nicht entgangen sein. Ich möchte diesem Treff einen zweiten Teil folgen lassen. Einen zweiten Treff. Mein Kollege Johann Nestroy hat zwar einmal gesagt: »Es is nix mit den zweiten Teilen«, aber ich kann es ja versuchen. Ich bringe also jetzt den zweiten Teil meines »Rings«, unter dem Titel:

Hat die Zukunft noch Zukunft?

(Wiener Vorstadtkaffeehaus, wie ich es schon so oft beschrieben habe. Kleine Tische, Stühle, ein Zeitungsständer, und was es sonst noch in einem solchen Lokal gibt.)

(An einem der Tische sitzt, wie immer, Herr Rott)

ROTT: *(ruft, wie immer, ungeduldig)* Josef! Josef!

(JOSEF, der alte Ober, erscheint wie immer)

JOSEF: Bin schon da, Herr Rott.

ROTT: »Schon« ist gut. Viermal habe ich gerufen.

JOSEF: Ich hab' es gehört, Herr Rott, aber ich kann halt nicht mehr so laufen wie früher. Wissen Sie, wie viele Kilometer ich in meinem Leben schon zurückgelegt habe? Der Herr Sedlatschek, der immer am Fenster sitzt, hat es neulich ausgerechnet. Mindestens vierzigtausend. Er sagt, wenn ich das am Äquator gemacht hätte, hätte ich rund um die Erde gehen können. Und wo bin *ich* gegangen? Immer nur zwischen den Tischen und der Küche hin und her.

ROTT: Das ist nicht *meine*Schuld.

JOSEF: Ich weiß es, Herr Rott. Ich sag es nur, weil Sie immer gleich so aufbrausend sind. Sie sollten einmal zum Arzt gehen, damit er Ihnen ein Beruhigungsmittel verschreibt.

ROTT: Beruhigungsmittel! Was nützen einem bei diesen Zeiten Beruhigungsmittel? Auf der einen Seite fürchtet man das Finanzamt, auf der andern den Krieg, auf der dritten die Zukunft ...

JOSEF: Also, *die* fürchte ich nicht. In einem Jahr geh' ich in die Rente, da werde ich in meinem Garten Rosen züchten ...

ROTT: *(gereizt)* Rosen züchten? Wo werden Sie Rosen hernehmen bei dieser Umweltverschmutzung? Schauen Sie sich unsere Luft an!

JOSEF: Da haben Sie recht, Herr Rott. Wenn unser Hund früher Gassi gehen wollte?, hat er die Leine gebracht – heute bringt er die Gasmaske.

(Herr Jorisch tritt ein)

JORISCH: Guten Morgen!

ROTT U. JOSEF: Guten Morgen, Herr Jorisch!

JORISCH: *(zu Rott)* Darf ich mich zu Ihnen setzen?

ROTT: Fragen Sie nicht, Sie setzen sich ja doch.

JOSEF: Was werden Sie nehmen, Herr Jorisch?

JORISCH: Lassen Sie mich nachdenken. Einen schönen großen Eisbecher mit Schlagobers, wie ihn der Herr Rott neulich gehabt hat – –

JOSEF: Bitte, Herr Jorisch. *(will gehen)*

JORISCH: Lassen Sie mich ausreden. *(setzt fort)* Hat mir der Arzt verboten. Einen französischen Cognac – –

JOSEF: Sofort, Herr Jorisch. *(will wieder gehen)*

JORISCH: *(setzt fort)* Kann ich mir nicht leisten. Bringen Sie mir einen Kaffee.

JOSEF: Und Ihnen, Herr Rott?

ROTT: Mir bringen Sie auch einen Kaffee.

JOSEF: Und was dazu?

ROTT: Was habe ich gestern gehabt?

JOSEF: Einen Baumkuchen.

ROTT: Den bringen Sie mir nicht. Da hat man noch die Sägespäne herausgespürt. Bringen Sie mir nichts dazu.

JOSEF: Und Ihnen, Herr Jorisch?

JORISCH: Dasselbe wie dem Herrn Rott.

JOSEF: *(während er abgeht, kopfschüttelnd)* Das sind Gäste! *(ab).*

ROTT: Wo waren Sie gestern? Ich habe Sie vermißt.

JORISCH: Gestern habe ich meinen Onkel in Linz besucht.

ROTT: Sie haben einen Onkel in Linz?

JORISCH: Nein, in Louisiana.

ROTT: Sie haben doch eben gesagt in Linz?

JORISCH: Weil sich mein Onkel auf einem Europatrip befindet und sich einige Tage in Linz aufhält. Er war früher in Linz zu Hause, und weil er schon immer etwas für meine erste Frau übriggehabt hat – –

ROTT: *(unterbricht ihn)* Moment, Moment! Sie sagen, Ihre erste Frau? Ich kenne nur Ihre jetzige Frau?

JORISCH: Meine jetzige Frau *ist* ja meine erste Frau.

ROTT: Fangen Sie schon wieder an, Dummheiten zu reden? Erzählen Sie lieber, was in Linz los war.

JORISCH: Da gibt es nicht viel zu erzählen. Geärgert habe ich mich. Ich steige in einem Hotel ab – –

ROTT: Mit Ihrer Frau.

JORISCH: Allein. Meine Frau ist auf Teneriffa.

ROTT: Was macht Ihre Frau auf Teneriffa?

JORISCH: Sie kennen doch den Papagei von der Frau Spiegel. Die Frau Spiegel hat mit ihm eine Spanienreise gebucht, hat sich den Fuß gebrochen und konnte nicht fahren. Da hat sie meine Frau ersucht, die Reise mit dem Vogel zu machen. Sie hat es ihm seit Wochen versprochen, und wenn sie jetzt nicht fährt, erzählt er es allen Leuten.

ROTT: *(gereizt)* So etwas Dummes!

JORISCH: Die Frau Spiegel?

ROTT: Nein!
JORISCH: Meine Frau?
ROTT: Nein!
JORISCH: Der Papagei?
ROTT: Auch nicht!
JORISCH: Dann bleib' nur ich übrig.
ROTT: Ja!!!
JORISCH: Warum sagen Sie das nicht gleich?
ROTT: Lassen wir das. Sie haben gesagt, daß Sie sich in Linz geärgert haben. Warum?
JORISCH: Weil man mich in dem Hotel, in dem ich abgestiegen bin, übers Ohr hauen wollte. Ich habe nur *eine* Nacht dort verbracht, habe demgemäß nur *ein* Frühstück gehabt, und zwei haben sie mir gerechnet.
ROTT: Glaube ich nicht.
JORISCH: Da haben Sie die Rechnung. *(gibt sie ihm)*
ROTT: *(auf den ersten Blick)* Die hat der Computer ausgestellt. Da steht zweimal Frü – und jedesmal vierzig Schilling. Frü heißt Frühstück.
JORISCH: Das weiß ich. Ich habe aber nur *einmal* Frü gehabt. Demgemäß habe ich den Ober gerufen und habe mich beschwert.
ROTT: Und was hat der Ober gesagt?
JORISCH: Er hat gesagt, daß das zweite Frü der Kaffee mit Kuchen ist, den ich am Nachmittag gehabt habe. Der kostet ebenfalls vierzig Schilling, demgemäß hat der Computer zweimal Frü getippt.
ROTT: Das kann stimmen. Er hätte natürlich auch Kü tippen können.
JORISCH: Was heißt Kü?
ROTT: Küche. Für alles, was aus der Küche kommt,

kann der Computer Kü tippen. Er hätte natürlich auch Ka tippen können: Kaffee. Oder Kakü, weil der Kaffee aus der Küche kommt, oder Küka, weil die Küche den Kaffee ausgibt.

JORISCH: Demgemäß hätte also der Ober recht gehabt?

ROTT: Ja. Und jetzt hören Sie schon mit dem »demgemäß« auf, das macht mich nervös.

JORISCH: Demgemäß werde ich es nicht mehr sagen. Ich möchte nur noch eines bemerken: Man sagt doch, daß ein Computer denkt. Da hätte er sich doch denken können, daß ich den Kaffee am Nachmittag gehabt habe und hätte statt Frü Na tippen können.

ROTT: Wahrscheinlich war es einer von den billigen Computern, die keinen großen Wortschatz haben. Demgemäß hat er Frü getippt.

JORISCH: Jetzt haben *Sie* demgemäß gesagt.

ROTT: *(ärgerlich)* Weil Sie mich verrückt machen!

JORISCH: Mich machen die ganzen Computer verrückt.

(JOSEF bringt den Kaffee)

JOSEF: Da ist der Kaffee, meine Herren.

ROTT: Danke, Josef. Heute habe ich Ihren Sohn gesehen. Ein fescher Bursch.

JOSEF: *(stolz)* Nicht wahr? Der ganze Papa.

ROTT: Ist er schon verheiratet?

JOSEF: Nein.

ROTT: Und warum nicht?

JOSEF: Weil er keine findet, die ihm g'fallt. Jetzt hat er sich an ein Eheanbahnungsinstitut gewendet, das einen Computer besitzt, der den Leuten sagt, welcher Partner oder welche Partnerin zu ihnen paßt. Dazu muß man natürlich einige Angaben machen. Mein Sohn hat gesagt, daß er nicht groß ist, daß er für sein Leben gern schwimmt, daß er Kälte lieber hat als Hitze, daß er gern Fische ißt – –

ROTT: Und was hat ihm der Computer gesagt?

JOSEF: Er soll einen Pinguin heiraten. *(ab)*

JORISCH: *(lacht)* Diese Computer!

ROTT: Lachen Sie nicht! Sie haben keine Ahnung, was mit den Computern alles auf uns zukommen wird.

JORISCH: *(besorgt)* Was wird auf uns zukommen?

ROTT: Schreckliches! Entsetzliches! Mein Schwiegersohn, der doch mit dem neuen Medium, mit dem Btx zu tun hat – –

JORISCH: *(unterbricht)* Verzeihen Sie, aber was ist Btx?

ROTT: Bildschirmtext. Mein Schwiegersohn also hat mich im vorigen Sommer nach Stuttgart zu der Telematica mitgenommen.

JORISCH: War sie wenigstens schön?

ROTT: Wer?

JORISCH: Die Telematica. Das war doch sicher eine Frau?

ROTT: Die Telematica war keine Frau – die Telematica war eine Ausstellung, auf der man Computer gezeigt hat, die die Welt ins Unglück stürzen werden. Anfangen wird es ja ganz harmlos, als ob sie zum Wohl der Menschen da wären, aber dann!

JORISCH: Was ist dann?

ROTT: Das werde ich Ihnen gleich sagen. Da haben sie zum Beispiel einen Computer gezeigt, den die Post betreiben wird, und in dem sämtliche Informationen und Firmenangebote gespeichert sind. Die können Sie dann zum Ortstarif abrufen.

JORISCH: Das verstehe ich nicht.

ROTT: Das habe ich von Ihnen auch gar nicht erwartet. Ich werde Ihnen ein Beispiel geben. Nehmen Sie an, Sie wollen eine Reise nach Skandinavien buchen. Sie drücken auf einen Knopf, und schon sehen Sie einen Film über Skandinavien, sehen die Hotels, in denen man Sie unterbringen wird, sehen die Zimmer, die Betten, das Bad, erfahren um welche Zeit das Flugzeug geht oder die Bahn – –

JORISCH: *(unterbricht ihn)* Verzeihen Sie, Herr Rott, aber ich will nicht nach Skandinavien fahren.

ROTT: Sie müssen ja nicht nach Skandinavien fahren! Fahren Sie nach Teneriffa!

JORISCH: Dort ist meine Frau mit dem Papagei.

ROTT: Möge Ihre Dummheit Sie nie verlassen, Herr Jorisch, sonst sind Sie ganz allein. *(aufgebracht)* Verstehen Sie denn nicht? Ich will Ihnen doch nur erklären, wozu so ein Computer imstande sein wird! Nehmen Sie an, Sie wollen Ihren Kontostand wissen. Sie drücken auf einen Knopf, und schon sehen Sie auf dem Bildschirm wieviel Geld Sie auf der Bank haben.

JORISCH: Da werde ich nicht viel sehen.

ROTT: Oder: Sie wollen nach Italien. Sie drücken auf einen Knopf und erfahren, daß es dort heiß und schwül ist. Sie drücken auf einen anderen Knopf und erfahren in Skandinavien ist es frisch und gesund. Sie fahren also nach Skandinavien – –

JORISCH: *(verzweifelt)* Ich *will* nicht nach Skandinavien fahren!

ROTT: *(ebenso)* Dann bleiben Sie da! Es muß sich ja nicht gerade um eine Reise handeln! Sie sollen doch nur wissen, wie die Welt in Zukunft aussehen wird! Die Menschen werden kaum noch aus dem Haus gehen! Nehmen Sie an, Sie haben Lust auf ein Konzert.

JORISCH: Ich habe keine Lust auf ein Konzert.

ROTT: Warum nicht?

JORISCH: Weil ich vollkommen unmusikalisch bin. Ich kenne nur zwei Melodien. Die eine ist der Donauwalzer, die zweite ist er nicht.

ROTT: Dann gehen Sie ins Burgtheater.

JORISCH: Das ja. Das möchte ich schon lang. Meine Frau und ich wollen immer schon »Aida« sehen.

ROTT: »Aida« spielt man in der Staatsoper!

JORISCH: Das haben wir auch geglaubt. Dann waren wir dort, haben sie »Die verkaufte Braut« gespielt.

ROTT: *(wütend)* Die spielen doch nicht jeden Tag dasselbe! Da müssen Sie gehen, wenn sie »Aida« spielen! *(stolz)* Ich *war* bei »Aida« – mit dem Pavarotti.

JORISCH: Wer ist das?

ROTT: *(starr)* Wer ist das! Sie wissen nicht, wer der Pavarotti ist?

JORISCH: Nein. Wo verkehrt der? Ich meine, in welchem Kaffeehaus?

ROTT: *(kann es nicht fassen)* In welchem Kaffeehaus der Pavarotti verkehrt! *(schreit)* In der Oper verkehrt er! Auf der Bühne! Der Pavarotti ist der größte Tenor seit Caruso! Und der wird zu Ihnen ins Haus kommen!

JORISCH: Der Pavarotti? Was wird da meine Frau sagen? Da muß man ihm doch etwas aufwarten!

ROTT: *(außer sich)* Der kommt doch nicht persönlich zu Ihnen! Der kommt via Bildschirm! Durch den Computer!

JORISCH: Das ist doch dann so wie beim Fernsehen.

ROTT: Eben nicht! Beim Fernsehen kriegen Sie das Programm, das Ihnen die Fernsehanstalt vorsetzt. Beim Computer kriegen Sie alles. Nehmen Sie an, Sie wollen »König Ottokars Glück und Ende« sehen. Sie drücken auf einen Knopf, und schon haben Sie den Ottokar.

JORISCH: Mit dem Parvarotti?

ROTT: *(fast weinend)* Nein!!!

JORISCH: Warum nicht? Sie sagen doch, der ist so gut?

ROTT: Der Pavarotti ist ein Sänger, und der Ottokar ist keine Gesangspartie! Der Ottokar ist eine Rolle für einen Schauspieler!

JORISCH: Und was wird das kosten?

ROTT: Nicht viel.

JORISCH: Aber doch etwas.

ROTT: Etwas natürlich. Allein beim »Ottokar« wirken mindestens zweihundert Personen mit. Dazu die Kostüme, die Dekorationen, und die vielen anderen Stücke, die die Leute wählen werden. Die Gesellschaft wird subventioniert werden, aber woher soll der Finanzminister das Geld nehmen?

JORISCH: Was weiß denn ich? Soll er auf einen Knopf drücken.

ROTT: *(resigniert)* Ich kann nicht mehr. Vergessen Sie die Reise, vergessen Sie das Theater, der Computer kann ja auch andere Sachen. Nehmen Sie an, Ihre Frau will einkaufen. Sie drückt auf einen Knopf, bekommt die Angebote sämtlicher Supermärkte, vergleicht sie miteinander, und wohin wird sie gehen?

JORISCH: Zu meinem Schwager. Der hat eine Feinkosthandlung.

ROTT: *(stöhnt)* Das wird es doch in Zukunft nicht mehr geben.

JORISCH: Es wird keinen Schwager geben?

ROTT: Keine Feinkosthandlung! Ihre Frau wird die Angebote vergleichen, wird im Supermarkt kaufen, und zwar im billigsten, sie drückt auf einen Knopf, bestellt, der Supermarkt drückt auf einen Knopf und liefert, die Bank drückt auf einen Knopf und bezahlt, *Sie* drücken auf einen Knopf, bezahlen der Bank – –

JORISCH: Sagen Sie, wie viele Knöpfe hat so ein Computer?

ROTT: Das ist verschieden. Leider wird sich die Werbung das neue Medium nicht entgehen lassen. Nehmen Sie an, Sie wollen einen erotischen Film sehen. Sie drücken auf einen Knopf, sehen ein Liebespaar, das Mädchen flüstert: »Liebe mich!« – –

JORISCH: Ich drücke auf einen Knopf – –

ROTT: *(wütend)* Sie drücken auf *keinen* Knopf!

JORISCH: *Er* drückt auf einen Knopf.

ROTT: Er auch nicht! Er sagt: »Ich habe noch keine Frau so geliebt wie dich!«, und schon erscheint der Btx: »Und warum? Wegen ihres frischen Atems.

Benützen auch Sie Gurgulin-Mundwasser mit der Frische der Berge!«

JORISCH: Das ist aber doch alles nicht so schlimm. Wo ist das Entsetzliche, von dem Sie gesprochen haben?

ROTT: Warten Sie nur. Nehmen Sie an, Sie wollen wissen, was es Neues gibt. Sie rufen Ihre Zeitung ab. Jeden Tag dieselbe. *(aufgeregt)* Das wird gespeichert, Herr Jorisch! Das wird gespeichert!

JORISCH: Und?

ROTT: Und! Man wird wissen, was für eine Zeitung Sie lesen, was für eine politische Ansicht Sie haben, mit welcher Partei Sie sympathisieren, wem Sie bei der nächsten Wahl Ihre Stimme geben werden! Wo bleibt da der Datenschutz, Herr Jorisch?

JORISCH: Wo bleibt er?

ROTT: Das frage ich *Sie*!

JORISCH: Ich weiß es nicht.

ROTT: Nirgends bleibt er! Es gibt ihn nicht mehr. Und das ist nicht das Schlimmste. Die Menschen werden sich verändern! Sie werden verkümmerte Beine haben!

JORISCH: Ich?!?

ROTT: Alle.

JORISCH: Wieso?

ROTT: Weil sie nicht mehr aus dem Haus gehen und nur auf die Knöpfe drücken werden. Außerdem werden sie grüne Augen haben, und zwar werden nicht nur die Augäpfel grün sein, sondern das ganze Auge, weil sie immer auf den Bildschirm mit der grünen Schrift starren werden.

JORISCH: Entsetzlich!

ROTT: Es kommt noch ärger! Die Menschen werden viereckige Köpfe haben!

JORISCH: Wieso das?

ROTT: Weil sie Tag und Nacht den viereckigen Bildschirm vor sich haben werden.

JORISCH: Das fände ich nicht so schlimm. Da würde ich in meine frühere Branche zurückgehen. Ich war einmal Hutmacher.

ROTT: Und? Was würden Sie da machen?

JORISCH: Viereckige Hüte.

ROTT: Das schaut Ihnen ähnlich! Profitieren aus dem Unglück der Menschheit! Aber das Furchtbare kommt ja noch! Haben Sie schon von den »Heckers« gehört?

JORISCH: Nein, nur von den Hackers. Das sind die Geflügelhändler in unserem Haus.

ROTT: Die meine ich nicht. Ich meine die »Heckers«! Die Computerverbrecher! Die werden zwar auch »Hackers« geschrieben, aber »Heckers« ausgesprochen. Sie wissen doch, daß es schon Heimcomputer gibt?«

JORISCH: Ich habe davon gehört.

ROTT: Die Hackers verstehen es nun, sich mit Hilfe solcher Heimcomputer in einen Bankcomputer einzuschalten und Millionenbeträge auf ihr Konto buchen zu lassen. Bis der Computer draufkommt, ist das Geld abgehoben, und die Hackers sind verschwunden.

JORISCH: Schrecklich! Könnte man das nicht auch machen?

ROTT: Man schon – *Sie* nicht! Dazu braucht man einen Kopf.

JORISCH: Einen viereckigen?

ROTT: Keinen viereckigen. Einen gescheiten. Und das mit den Banken ist ja das Wenigste. Diese Hackers können eines Tages einen Krieg entfesseln.

JORISCH: Wieso!

ROTT: Ganz einfach. So ein Hacker drückt auf einen Knopf, kommt durch einen Irrtum oder in böser Absicht in den Computer des amerikanischen oder des sowjetrussischen Verteidigungsministeriums, gibt den Befehl zum Feuern, und schon geht es los. Flugzeuge, Raketen, Atomsprengköpfe, Bodenraketen, Boden-Bodenraketen, Killersatelliten, alles wird eingesetzt, und im Nu ist die Welt ein Trümmerhaufen.

JORISCH: Das ist ja furchtbar.

ROTT: Das sage ich doch! Auf die Dauer kann das nicht gutgehen mit den Menschen und den Computern.

JORISCH: Ich würde sie abschaffen.

ROTT: Abschaffen? Die Computer?

JORISCH: Nicht die Computer. Die Menschen.

Zukunftsmusik? Hoffentlich. Das Beängstigende daran ist nur, daß die Instrumente bereits gestimmt werden.

Es ist nicht wichtig aus was für einer Familie der Mensch kommt. Nehmen Sie Kain von Kain & Abel. Kain kam aus der ersten Familie des Landes, und was ist aus ihm geworden! Da es aber weder meiner Art noch meiner Absicht entspricht auf die Verwandtschaft zu schimpfen, möchte ich von einem entfernten Mitglied unserer Familie erzählen – und das auch nur im Zusammenhang mit meinem Neffen Ladi. Es handelt sich um

Onkel Adi

Ladi, damals zehn, nannte ihn »Onkel«, obwohl er nur um sechs Ecken herum mit Ladis Eltern, meinem Schwager Goldmann und dessen Frau Hermine, verwandt war. Ich glaube, er war der zweite Mann von der ersten Frau von Goldmanns Cousin, wenn auch niemand mit Sicherheit sagen konnte, ob dieser jemals mit ihr verheiratet gewesen war. Ich selbst kannte Onkel Adi nicht persönlich, ich war ihm nur seines Namens wegen dankbar. Der Gleichklang Adi-Ladi ersparte mir viel Zeit und Kopfzerbrechen. Ich mußte jedes Jahr zu Onkel Adis Geburtstag ein Gedicht schreiben, welches Ladi dann als sein Werk ausgab, und da war der Schluß jedesmal von vornherein gegeben: »So gratuliert dem lieben Onkel Adi – wie immer sein dankbarer Neffe Ladi.« Sonst hatte ich keine wie immer geartete Beziehung zu ihm. Ich weiß nur, daß er ein kleines Schuhgeschäft hat und daß er eine Zeitlang als Ladis Erbonkel galt, bis er sich eines Tages von Goldmann fünftausend Schilling ausborgte. Aber das gehört nicht hierher. Ladi liebte ihn und besuchte ihn in seinem Geschäft, sooft er in dessen Nähe kam. Und das war merkwürdigerweise regelmäßig vor seinem, Ladis, Geburtstag sowie vor dem Weihnachtsfest der Fall. Adi hatte dann schon immer ein Geschenk für ihn vorbereitet, welches Ladi »überrascht« entgegennahm. »Auf meinen Geburtstag (oder auf das Weihnachtsfest)«, pflegte er dann zu sagen, »habe ich ganz vergessen.«
Auch heute war er wieder gekommen. »Küß die Hand, Onkel!« grüßte er, als er das Geschäft betrat. »Servus Ladi!« freute sich der Onkel. »Ich habe dich schon erwartet. Du hast ja in vier Tagen Geburtstag.«

Ladi tat perplex. »Wie du dir das immer merkst«, sagte er bewundernd, »ich hätte ganz drauf vergessen.«
»Wie geht es dir?« erkundigte sich Onkel Adi. »Wie geht es deinen Eltern? Was macht das Lernen? Oder gehst du nicht gern zur Schule?«
»Doch«, sagte Ladi, »und ich gehe auch gern wieder nach Hause. Nur dort bin ich nicht gern.«
Der Onkel zog scherzhaft die Stirne kraus. »Das soll doch nicht heißen«, meinte er, »daß du kein gutes Zeugnis erwartest?«
»O ja, Onkel«, gestand Ladi, »das heißt es. Aber ich kann nichts dafür. Mein Vater müßte mir einmal einen neuen Kugelschreiber kaufen.«
»Wieso? Was ist mit dem alten?«
»Der macht lauter Fehler.« Der Onkel lachte. »Wo ist denn Tina?« fragte Ladi. Tina war Onkel Adis Tochter, die ihm im Geschäft half.
»Tina, das weißt du doch«, sagte der Onkel, »hat vor drei Jahren geheiratet. Jetzt ist sie in der Klinik.«
»Warum?« fragte Ladi.
»Weil sie der Storch ins Bein gebissen hat.«
Ladi schüttelte mitfühlend den Kopf. »Schad' um die Strümpfe«, sagte er.
»Sie bekommt ihr erstes Kind.«
Das wundert mich nicht, dachte Ladi, wenn sie so lange an den Storch geglaubt hat.
»Bleib' hier«, setzte der Onkel fort, »ich habe etwas für deinen Geburtstag, ich muß es nur aus der Wohnung holen. Wenn eine Kundschaft kommt, sag', sie soll warten, ich komme sofort zurück. Wirst du das können?«

»Natürlich«, sagte Ladi. Der Onkel ging, gleich darauf betrat ein Mann den Laden.
Onkel Adi kam in seine im ersten Stock gelegene Wohnung. Auf dem Tisch lag ein großes Mosaikspiel, das Geburtstagsgeschenk für Ladi. Der Onkel mußte es erst auseinandernehmen und frisch verpacken, weil er gestern abends selber damit gespielt hatte. Das Papier, in dem es verpackt gewesen war, hatte er zerrissen, er mußte also ein neues suchen, ebenso einen Bindfaden, mußte ein schönes Paket machen, die Geburtstagskarte schreiben, »Es gratuliert dir, lieber Ladi – dein dich liebender Onkel Adi« – das alles dauerte eine Weile. Endlich ging er in das Geschäft zurück. Als er eintrat, war Ladi allein.
»War jemand da?« fragte er.
»Ja«, sagte Ladi. »Ein Herr. Ich habe ihm ein Paar Schuhe verkauft.«
»*Du* hast ihm ein Paar Schuhe verkauft?« wunderte sich der Onkel. »Was für Schuhe hast du ihm verkauft?«
»Die da«, sagte Ladi und zeigte auf eine leere Schachtel. »Er hat sie gleich mitgenommen. In einem Nylonsack.«
»Was hast du dafür verlangt?« Der Onkel ahnte Böses.
»Tausend Schilling. Das ist der Preis, der auf der Schachtel steht.«
»Und wo hast du das Geld?«
»Hier«, sagte Ladi.
Onkel Adi erschrak. »Das sind doch nur *hundert* Schilling«, sagte er außer sich. »Wo sind die restlichen neunhundert?«

100.
RANG.

»Der Mann hat nicht soviel bei sich gehabt«, sagte Ladi naiv, »aber er hat gesagt, daß er sie in einer halben Stunde bringen wird.«
Onkel Adi bekam einen roten Kopf. »Und da hast du sie ihm mitgegeben?« schrie er wütend. »Der wird doch nie mehr kommen, du dummer Bub!«
»Doch«, sagte Ladi mit einer verblüffenden Sicherheit. »Der *wird* kommen.«
»Woher willst du denn das so genau wissen?« tobte der Onkel.
»Weil ich ihm zwei linke eingepackt habe.«

Der Mann kam wirklich wieder, brachte einen der linken Schuhe, bezahlte neunhundert Schilling und bekam dafür einen rechten. Onkel Adi aber sprach die prophetischen Worte: »Du wirst ein großer Geschäftsmann werden, mein Kind – denn was *ist* ein Geschäft? Ein Handel zwischen zwei Partnern, von denen jeder glaubt, daß er den andern hereingelegt hat.«

Sie haben keine Ahnung, liebe Leser, wie viele Vereine es auf der Welt gibt. Ein Statistiker hat neulich nachgewiesen, daß allein in Österreich auf jeden vierzigsten Staatsbürger ein Verein kommt. Da gibt es Sportvereine, Sparvereine, Vereine für intellektuelle Bierdeckelsammler, für pensionierte Kanarienvögelzüchter, für frustrierte Hobbyfischer, für Würden-, Ordens- und Hosenträger, und da es Menschen gibt, die gegen jede Art von Vereinen sind, gibt es sogar einen Antivereineverein. Und doch hat sich in den letzten Wochen ein neuer Verein gebildet. Es ist eine »Gesellschaft«, und heißt mit vollem Namen

Die Gesellschaft zur Erhaltung alter Witze

Ich saß wieder einmal vor meinem Schreibtisch, einen Bogen Papier in der Maschine, und wartete. Worauf? Auf einen zündenden Gedanken. Er kam nicht. Ich sah auf die Uhr und stellte fest, daß ich bereits eine volle Stunde so dasaß. Ich stand auf, ging im Zimmer auf und ab, setzte mich wieder hin, stand wieder auf, ging wieder auf und ab, setzte mich wieder hin – vergeblich. Eine Methode, die sonst unweigerlich zum Erfolg führt, versagte. Der zündende Gedanke stellte sich nicht ein. Es müßte ja gar kein zündender Gedanke sein, ich wäre schon mit einem nichtzündenden zufrieden, aber auch ein solcher wollte nicht kommen. Ich beschloß, es für heute seinzulassen. Ich legte die zwanzig Bogen, die ich bereits vorbereitet hatte, in die Lade zurück. Ich schreibe jeden Tag zwanzig Bogen, manchmal nur neunzehn, manchmal nur zehn, manchmal nur einen – heute keinen. Vielleicht war ich zu müde. Ich legte also die zwanzig Bogen in die Lade zurück, als ich plötzlich einen Brief sah, der sich unter den zwanzig Bogen versteckt hatte. Ich öffnete ihn und las: »Gesellschaft zur Erhaltung alter Witze. Sehr geehrter Herr! Wir nehmen an, daß auch Sie der Überzeugung sind, daß es keine neuen Witze gibt, sondern nur alte und ganz alte. Witze, die sich die Israeliten im alten Ägypten leise und im Geheimen über König Pharao ins Ohr flüsterten, flüsterten sich im Altertum die Römer über Kaiser Nero ins Ohr, im Mittelalter die Spanier über den Großinquisitor, in der Neuzeit die Deutschen über Hitler und die Italiener über Mussolini. Neben diesen unsterblichen politischen Witzen gibt es aber eine Reihe armer alter Witze, die unserer Unterstützung bedürfen, um am

Leben bleiben zu können. Wir dürfen ihnen unsere Hilfe nicht versagen. Unsere Zeit ist so humorlos geworden, daß sie es sich einfach nicht leisten kann, auf die besten der besten zu verzichten. Ein Grund, weshalb die Unterzeichneten beschlossen haben, die auf dem Briefkopf erwähnte ›Gesellschaft zur Erhaltung alter Witze‹ ins Leben zu rufen. Wir würden uns sehr geehrt fühlen, wenn Sie, sehr verehrter Herr, der Sie den alten Witzen soviel zu verdanken haben, unserer Gesellschaft beitreten würden. Um unser Anliegen in die breite Öffentlichkeit zu bringen, veranstalten wir am 24. d. M. um 21 Uhr 15 eine Fernsehdiskussion und hoffen, daß Sie diese nicht versäumen werden. Mit einem herzlichen Hihi (unser Gruß) verbleiben wir Ihre –«, folgten vier unleserliche Unterschriften. Ich sah nach der Uhr. 21 Uhr 13? Da war es ja höchste Zeit. Schnell schaltete ich den Fernsehapparat ein.

»Servus!« Meine Frau kam ins Zimmer.

»Hihi«, grüßte ich zerstreut.

»Wie bitte?«

»Ich meine ›Servus‹!« korrigierte ich schnell.

»Du hast den Fernseher aufgedreht. Was gibt es denn jetzt?« Ich erklärte es ihr. »Alte Witze?« fragte sie erstaunt. »Alte Witze hast du genug. Was du brauchst, sind neue Witze.« Ich antwortete nicht, weil die Sendung soeben begann. Man sah den obligaten Tisch mit den großen Lederfauteuils, in der Mitte saß der Diskussionsleiter Dr. Heller, links von ihm drei Herren, rechts ein vierter Herr sowie eine Dame.

»Guten Abend, meine Damen und Herren«, begrüßte Dr. Heller die Anwesenden sowie die Zuschauer daheim vor ihren Bildschirmen. »Sie wissen, worüber wir heute diskutieren wollen. Das Thema heißt: ›Ist es angezeigt, eine Gesellschaft zu gründen, die sich mit der Erhaltung alter Witze befaßt – ja oder nein?‹ Zuerst möchte ich die Diskussionsteilnehmer vorstellen: Professor Dr. Sigmund Freudenthal, Psychoanalytiker, Herr Paul Zwent, Kabarettist, Herr Max Scheuer, Witzesammler, Frau Gudrun Herbert, Hausfrau, Herr Dr. Molzer, Präsident der neugegründeten Gesellschaft. Wie viele Mitglieder, Herr Dr. Molzer, haben Sie bereits?«

»Vorläufig nur vier«, entgegnete Molzer. »Den Präsidenten, den Vizepräsidenten, den Schriftführer und den Kassier. Durch die heutige Diskussion erhoffe ich mir aber einen Zustrom von Interessierten.«

»Ich wünsche es Ihnen. Was hat Sie bewogen, diese Gesellschaft zu gründen?«

»Einzig die Lust am Lachen. Ich finde, daß das Lachen eine der schönsten Gaben ist, die Gott uns geschenkt hat.«

»Irrtum«, fiel Dr. Freudenthal ein. »Ich muß Sie berichtigen, Herr Dr. Molzer. Die schönste Gabe, die Gott uns geschenkt hat, ist nicht das Lachen, sondern die Psychoanalyse. Das Lachen ist nichts weiter als eine Ausdruckserscheinung, die durch die Bewegung bestimmter Gesichtsmuskeln hervorgerufen wird. Lachen, möchte ich sagen, ist eine soziale Reaktion, welche vom freundlichen Grußlächeln bis zum verzweifelten hysterischen Lachen reicht und die nicht nur durch das Erzählen von Witzen, sondern auch durch andere Reizungen hervorgerufen wird wie zum Beispiel durch das Kitzeln. Wenn man also, bloß um des Lachens willen, eine Gesellschaft zur Erhaltung alter Witze gründet, müßte man ebenso eine Gesellschaft zur Erhaltung des Kitzelns gründen.«

»Danke, Herr Professor«, sagte der Diskussionsleiter und wandte sich an den nächsten Herrn. »Herr Scheuer, Sie sind Sammler von alten Witzen. Wie viele solcher Witze haben Sie bereits?«

»Vierhundertneunundvierzigtausendneunhundertneunundneunzig. Ich warte auf den Vierhundertfünfzigtausendsten, aber er kommt nicht.«

»Würden Sie uns einen Ihrer Witze erzählen?«

»Selbstverständlich. Dazu sammle ich sie ja. Grün und Blau treffen sich auf der Straße –«

»Genug!« unterbrach ihn Professor Freudenthal. »Grün und Blau! Nehmen Sie an, *Sie* würden Grün oder Blau heißen und sich in einer Gesellschaft befinden, in der ein solcher Witz erzählt wird. Alle schauen auf Sie, Sie schämen sich Ihres Namens, Sie verfluchen insgeheim Ihren Vater, weil er Ihnen diesen Namen gegeben hat, Sie bekommen Minderwertigkeitskomplexe, Kontaktschwierigkeiten, Sie wagen sich nicht mehr unter Menschen, trotzdem finden Sie eines Tages eine gefühlvolle Partnerin, Sie heiraten, aber Ihre Kinder werden zu Verbrechern. Kann man es ihnen verargen? Nein. Es sind die Kindheitserlebnisse, die sie dazu gemacht haben. Es ist die freudlose Jugend. Es sind die Mitschüler, die schon in der Schule erzählten, daß Grün und Blau sich auf der Straße treffen. Nicht unsere Jugend ist schlecht, sondern unsere Gesellschaft. Eine Gesellschaft, die sie gedankenlos mit Grün und Blau zum Rauschgift treibt.«

»Danke. Was meinen Sie, Herr Zwent. Sie sind Kabarettist. Wie stehen Sie den alten Witzen gegenüber?«

»Ich verabscheue sie. Der Witz soll aus der Zeit geboren sein und nicht nur erhalten werden, weil er alt ist. Was unser modernes Kabarett braucht, sind keine Witze, sondern Witz.«

»Sie meinen die intellektuelle Pointe.«

»Ja. Und dafür setze ich mich ein. Die Pointen, die ich bringe, sind nicht nur intellektuell, sondern vor allem neu und, was ebenso wichtig ist, aktuell.«

»Ha!« lachte der Witzesammler. »Ich habe Sie doch schon im Kabarett gesehen. Ihre Pointen sind so alt, daß man glauben könnte, Sie stehlen sie von Hieroglyphen. Das ist auch ein Witz«, setzte er, zu den anderen gewendet, entschuldigend hinzu.

»Das ist eine Unterstellung!« schrie der Kabarettist.

»Beruhigen Sie sich, meine Herren!« beschwichtigte Dr. Heller die beiden. »Wir sind hier, um zu diskutieren und nicht, um zu streiten. Darf ich Sie bitten, Herr Zwent, einen Ihrer aktuellen Witze zu erzählen?«

»Sie meinen, eine meiner aktuellen Bemerkungen«, sagt Zwent, »denn gegen das Wort ›Witze‹ möchte ich mich entschieden verwahren. Was meine Bemerkungen betrifft, hatte ich gestern, während meiner Conférence, einen glänzenden Einfall. Ich sprach über Wahlen und sagte: ›Die Vorwahlzeit ist die Zeit, in der die Politiker nicht wissen, ob sie kommen oder gehen.‹« Die Diskussionsteilnehmer lachen.

»Den kenne ich!« ruft der Witzesammler. »Den hat man schon in der ersten Republik erzählt! Damals hat es der Grün dem Blau gesagt!«

»Schon wieder diese beiden!« empört sich der Psychoanalytiker.

»Erzählen Sie doch noch etwas«, bittet der Diskussionsleiter Herrn Zwent.
»Vielleicht etwas, das mir auch gestern eingefallen ist«, sagt Herr Zwent geschmeichelt. »Ich sprach von unserm Land und sagte: ›Unser Land ist ein Land, in dem man solange unbescholten ist –«
»Bis man einen einflußreichen Posten hat!« setzt Herr Scheuer triumphierend fort. »Den kenne ich! Den hat man schon in den Zwanzigerjahren erzählt!«
Zwent wirft ihm einen Blick zu, den die Kamera in Großaufnahme zeigt. Den Zusehern vor den Bildschirmen läuft es kalt über den Rücken, und einer, der erst jetzt in die Sendung einsteigt, würde denken, einen Krimi zu sehen. Der ist der Mörder, würde er, auf Zwent zeigend, sagen.
»Ich wäre ja froh, wenn ich endlich einmal einen alten neuen Witz hören würde«, meint Herr Scheuer. »Dann hätte ich meinen vierhundertfünfzigtausendsten.«
Der Diskussionsleiter wendet sich der Dame zu. »Sie sind Hausfrau, Frau Herbert. Wie stellen *Sie* sich zur Erhaltung der alten Witze?«
»Ich hätte nichts dagegen einzuwenden«, entgegnet Frau Herbert, »wenn man die Schwiegermütterwitze eliminieren würde. Warum erzählt man keine Schwiegersöhnewitze? Meine Tochter lebt mit ihrem Mann in München. Neulich besuche ich sie, fahre sechs Stunden mit der Bahn, kaum komme ich zur Tür herein, sagt mein Schwiegersohn: ›Du wirst müde sein von der Reise. Am besten wäre es, du fährst gleich wieder nach Haus und legst dich hin.«
»Vierhundertfünfzigtausend!« jubelt Herr Scheuer.

»Das *ist* kein Witz!« sagt Frau Herbert empört.
»Ich finde, daß nur der politische Witz wert ist, erzählt zu werden«, stellt Herr Zwent fest, »und den kann man nicht erhalten, weil er nur für ein paar Tage Gültigkeit hat. Ich sage zum Beispiel in einer Plauderei: ›Die Geschichte wiederholt sich.‹«
»Wir haben schon den fünften Finanzminister, der kein Geld hat!« ergänzt Herr Scheuer voller Freude.
»Den kenne ich! Den erzählt man sich, sooft ein neuer Finanzminister kommt!« Alle reden durcheinander – da – was ist das? Plötzlich erscheine *ich* auf dem Bildschirm.
»Was wünschen Sie?« fragt der Diskussionsleiter außer sich. »Wie kommen Sie hier herein?«
»Ich möchte der Gesellschaft zur Erhaltung alter Witze beitreten«, sage ich.
»Doch nicht jetzt!« schreit der Diskussionsleiter. »Diener! Werfen Sie den Mann hinaus!« Zwei Männer kommen auf mich zu, ergreifen mich, geben mir einen Stoß, ich falle vornüber – und mit dem Kopf direkt auf die Schreibtischplatte – Ich sehe mich um – meine Frau ist nicht da, der Bildschirm ist finster, die Sendung hat nicht stattgefunden, das einzige, was real war, war der Brief, aber der kam nicht von der Gesellschaft zur Erhaltung alter Witze, sondern vom Finanzamt. Das Ganze war ein Traum gewesen.

Ich muß zugeben: ein schöner Traum. Warum gibt es diese Gesellschaft nicht? Die alten Witze kämen wieder zu Ehren, und wenn die Presse über einen Satirenband schreibt, daß er voll alter Witze ist, wäre das eine Bombenkritik. Leider – ein Traum.

»In meinem Staate kann jeder nach seiner Façon selig werden«, sprach Friedrich II., der Große. Heute würden die Bürger hinzusetzen: »Wenn er die nötige Subvention bekommt.«

Die geförderte Bohne

Eine Geschichte in Interviews

Montag.
Es war gegen Ende des zwanzigsten Jahrhunderts, als der Fernsehnachrichtensprecher, nachdem er über Morde, Banküberfälle und Bombenattentate berichtet hatte, ein freundliches Lächeln aufsetzte und sagte: »Und nun, meine Damen und Herren, etwas Erfreuliches. Wie wir heute erfahren haben, ist es einem unserer Züchter gelungen, eine Bohne zu entwickeln, die alles bisher Dagewesene in den Schatten stellt. Von den Wurzeln angefangen über die Blätter bis zur eigentlichen Frucht ist alles einmalig. Die neue Bohne hat einen Geschmack, den es auf der Welt noch nie gegeben hat. Wir haben den Herrn Landwirtschaftsminister in das Studio gebeten. Guten Abend, Herr Minister! Darf ich Sie fragen, was Sie zu der neuen Bohne sagen?«
Landwirtschaftsminister, mit jovialer Stimme (Landwirtschaftsminister haben immer joviale Stimmen): »Ich bin entzückt. Besonders als ich hörte, daß diese Bohne in allen Höhenlagen gleich gut gedeiht, von der tiefsten Ebene bis hinauf in die rauheste Latschenregion. Diese Bohne müßte unserer Landwirtschaft, die ja schon seit langem tief in der Patsche sitzt, neuen Aufwind bringen. Sie könnte das schwere Los unserer Bergbauern mildern, die ja zu den einkommensschwächsten Schichten unseres Landes zählen. Ich hoffe sehr, daß sie die neue Bohne in großem Stil anbauen werden.«
Dienstag.
Fernsehnachrichtensprecher, nachdem er über die latente Kriegsgefahr, über die Probleme der UNO und der EG gesprochen hat: »Und nun, meine Damen

und Herren, zu der neuen Bohne. Wir haben den Präsidenten des Bauernbundes zu uns ins Studio gebeten, um ihn über seine Meinung darüber zu befragen. Guten Abend, Herr Präsident! Was ist Ihre Ansicht über die neue Bohne?«

Der Präsident des Bauernbundes wäre begeistert, wenn –?

»Wenn«, sagt er, »die öffentliche Hand uns dabei hilft. Ohne Subventionen ist der Anbau der neuen Bohne nicht möglich. Die Samenbohnen kommen zu teuer, die Arbeit mit der neuen Bohne verlangt neue Maschinen. Da müßte seitens des Landwirtschaftsministeriums etwas geschehen. Auch müßten wir kostenlose Informationen über die Behandlung der neuen Bohne verlangen.«

Dem Landwirtschaftsminister begann die neue Bohne auf die Nerven zu gehen.

Mittwoch.

Nachrichtensprecher, nachdem er über Großbrände, Flugzeugentführungen und Sträflingsrevolten gesprochen hat: »Und nun, meine Damen und Herren, wieder zur neuen Bohne. Wir haben den Herrn Sozialminister zu uns gebeten, um seine Meinung darüber zu hören. Guten Abend, Herr Minister! Darf ich Sie fragen, von welchem Standpunkt aus *Sie* die neue Bohne sehen?«

Der Sozialminister ist voller Hoffnung: »Ich sehe da vollkommen neue Möglichkeiten. Neue Arbeitsplätze könnten geschaffen werden. Arbeitsplätze mit flexiblen Arbeitszeiten. Die neue Bohne würde sicher auch eine Teilbeschäftigung vertragen. Ich werde mich bei dem Herrn Landwirtschaftsminister sofort

dafür einsetzen, daß er die Mittel für den Anbau der neuen Bohne flüssig macht.«
Donnerstag.
Der Landwirtschaftsminister schnaubte: »Wie stellt sich der Herr Sozialminister das vor?« fragte er via Fernsehen. »Mein Budget besteht nur noch aus Löchern. Wenn der Herr Sozialminister den raschen Anbau der neuen Bohne wünscht, dann soll er auch einen finanziellen Beitrag dazu leisten.«
Jetzt schnaubte der Sozialminister. Er gab einer der größten Tageszeitungen des Landes ein Interview: Überschrift: »Für Bohnen gibt es bei uns kein Geld.«
Der Bundeskanzler beschwor die beiden Herren, die beide seiner Richtung angehörten, die Partei nicht zu spalten.
Freitag.
Nachrichtensprecher, nachdem er die Weltereignisse kurz gestreift hat: »Und nun, meine Damen und Herren, zur neuen Bohne. Wir haben den Herrn Wirtschaftsminister in unser Studio gebeten. Guten Abend, Herr Minister! Wie stellen Sie sich zur neuen Bohne?«
Der Wirtschaftsminister berichtet: »Ich habe bereits Auftrag gegeben, ein Bohnenforschungszentrum zu gründen und habe schon eine Menge erfahren. Das Bohnenforschungszentrum wird in Zusammenarbeit mit der heimischen Gastronomie neue Speisen mit der neuen Bohne entwickeln, sehr butterfreundliche und milchintensive, da unsere Wirtschaft schon lange auf einem Butterberg sitzt und droht, in einem Milchmeer zu versinken. Ich sehe in der Bohne die einzige Rettung und hoffe auf raschen Anbau.«

RANG

Der Sozialminister fordert von der Zeitung, der er das Interview gegeben hat, eine Berichtigung. Er habe nicht gesagt: »Für Bohnen gibt es bei uns kein Geld«, sondern »Kein Geld für die neue Bohne?« Mit Fragezeichen. Er habe damit das Landwirtschaftsministerium gemeint. Die Zeitung berichtigt – der Landwirtschaftsminister bekommt Magengeschwüre.
Samstag.
Nachrichtensprecher: »Wir bitten um Verständnis, wenn wir die heutigen Tagesereignisse weglassen und nur über die neue Bohne sprechen. Wir haben den Herrn Verteidigungsminister gebeten zu uns ins Studio zu kommen, um auch seine Meinung zu hören. Guten Abend, Herr Minister! Was haben Sie zu der neuen Bohne zu sagen?«
Verteidigungsminister: »Für mich bedeutet die neue Bohne die Lösung eines schwierigen Problems: des Problems der Wehrdienstverweigerer. Seit langem fragen wir uns schon, was wir mit ihnen machen, wie wir sie einsetzen könnten. Sinnvoll einsetzen natürlich. Beim Bohnenanbau haben wir die Möglichkeit dazu, besonders in den rauhen Höhen. Der Anbau der neuen Bohne muß unbedingt und schnellstens in Angriff genommen werden.«
Als der Verteidigungsminister zu seinem Ministerium zurückkehrte, gab es bereits eine Demonstration der Wehrdienstverweigerer. Mit Transparenten »Nieder mit dem Faschismus!« wehrten sie sich gegen ihren Einsatz beim Anbau der neuen Bohne, weil sie das in einen Gewissenskonflikt bringen würde. Schließlich wird auch die kämpfende Truppe die neuen Bohnen zu essen bekommen. Damit würden sie den Krieg un-

terstützen und könnten gleich den Dienst mit der Waffe leisten. Der Verteidigungsminister versprach, seinen Plan aufzugeben und den Anbau der neuen Bohne dem Landwirtschaftsministerium zu überlassen. Der Landwirtschaftsminister hörte davon und beschloß, seine Geschwüre zu hegen und zu pflegen, damit er noch längere Zeit nicht auf seinen Platz zurückmüsse.

An der neuen Bohne konnte niemand mehr vorbeigehen. Sie war bereits in aller Munde, die Medien ließen nicht ab, über sie zu berichten, im Parlament wurden ihretwegen dringliche Anfragen gestellt.

Sonntag.

Nachrichtensprecher: »Meine Damen und Herren, wir bringen morgen Montag die Nachrichten vom vergangenen Freitag, Dienstag die vom Samstag und Mittwoch die heutigen. Wir haben den Führer der Opposition ins Studio gebeten, um zu dem brennenden Problem der neuen Bohne Stellung zu nehmen. Guten Abend, Herr Doktor! Darf ich Sie fragen, was Sie und Ihre Partei in Angelegenheit ›neue Bohne‹ zu tun gedenken?«

Oppositionsführer: »Das ist schnell gesagt. Die Regierung hat wieder einmal den Beweis erbracht, daß sie unfähig ist zu regieren. Wo ist ihre Fürsorge für die Bauern, von der sie immer spricht? Wo ist ihre Unterstützung für neue und moderne Produkte? Was nützt es, wenn wir als Oppositionspartei unsere Vorschläge machen, wenn wir mit den Stimmen der Koalitionsregierung niedergestimmt werden? Für uns gibt es nur *eine* Lösung und die fordern wir: Wir verlangen Neuwahlen!«

Nun ging es immer weiter. Die Regierung versprach, die neue Bohne zu ihrem Anliegen zu machen und die Mittel dafür im neuen Budget unterzubringen. Nun lag sie auch dem Finanzminister im Magen.
Der Sommer zog ins Land, das Parlament in die Ferien. Von einem Anbau der neuen Bohne konnte nicht mehr gesprochen werden, die günstigste Zeit dafür war längst vorüber. Doch, o Überraschung! Die neue Bohne erschien auf allen Märkten. Ungestützt und ungefördert war sie während der Debatten von privater Hand gezogen worden.
Ein Run setzte auf das neue Produkt ein. Man riß es den Händlern aus den Händen, man zahlte jeden Preis dafür. In den Zeitungen machten die Rezepte für die neuen Bohnengerichte Schlagzeilen. Fernsehen und Hörfunk strahlten Kochprogramme für die neuen Bohnen aus. Bände von neuen Kochbüchern wurden zu Bestsellern auf dem Büchermarkt. Kochkurse für die neuen Bohnenspeisen übertrafen die Aerobicwelle. Der Butterberg schmolz dahin, das Milchmeer sank. Dem Wirtschaftsminister fiel ein Stein vom Herzen.
Der Sommer verglühte. Der Herbst zog ins Land, das Parlament zu einer neuen Sitzungsperiode. Die heiße Bohnendebatte wurde wieder aufgenommen.
»Die Regierung hat mit der neuen Bohne wieder einmal eine Gelegenheit verschlafen«, warf der Oppositionsführer in einem Fernsehduell dem Bundeskanzler vor.
»Die Opposition hat leicht reden«, konterte der Bundeskanzler energisch. »Man kann nicht mehr geben, als man hat.«

Aus dem Bohnenforschungszentrum kam eine neue sensationelle Meldung. Die neue Bohne eignet sich vorzüglich für Schlankheitsdiäten. Experimente hätten bereits erstaunliche Ergebnisse gebracht. Jetzt schlug der Gesundheitsminister auf den Tisch.
»Meine Damen und Herren«, sagte der Fernsehsprecher, »die noch ausständigen Weltnachrichten vom vergangenen September bringen wir ab 15. November in dreizehn Folgen. Heute beschäftigen wir uns weiter mit der neuen Bohne. Wir haben den Herrn Gesundheitsminister ins Studio gebeten, um seine Meinung über die neue Bohne zu hören. Guten Abend, Herr Minister! Darf ich Sie um einige Worte über die neue Bohne bitten?«
Der Gesundheitsminister zitterte vor Wut. »Einige Worte werden zu wenig sein. Ich bin zwar Mitglied der Regierung, aber als Gesundheitsminister habe ich leider zuwenig Kompetenzen. In unserem Land geht das Übergewicht um. Die neue Bohne wäre das beste Gegenmittel. Noch ist es nicht zu spät, aber unsere Uhr steht auf fünf Minuten vor zwölf. Ich stelle fest: Noch vor dem neuen Budget müssen Mittel locker gemacht werden, um die Subventionierung eines großzügigen Anbaues zu ermöglichen. Noch haben wir eine Chance. So könnte man im Winter die Bohne in Glashäusern ziehen, und Glashäuser haben wir genug. Natürlich müßte das Heizöl für die Bohnenzüchter von der Steuer befreit werden. Und dafür werde ich sorgen! Dickbäuchige Männer und Frauen müssen im Interesse ihrer eigenen Gesundheit aus unserer Landschaft verschwinden!«
Der Finanzminister raufte sich die Haare, die Grünen

fragten sich, ob das Verschwinden der Bäuche nicht die Umwelt verschandeln werde.

Der Herbst verwelkte, der Winter stand vor der Tür und im Parlament das Zeichen auf Sturm. Drei Minister kündigten ihren Rücktritt an, die Opposition gründete bereits ein Scheinkabinett. Im letzten Augenblick wurde eine Einigung erzielt. Die neue Bohne war im neuen Budget. Im Frühjahr könnte mit einem geförderten Anbau begonnen werden. Früher nicht.

Der Winter zog ins Land, das Parlament in die Weihnachtsferien. In vielen Glashäusern wurde bereits die neue Bohne gezüchtet, immer noch von privater Hand, ungestützt und ungefördert. Die neue Bohne schwamm im Schlankheitstrend. Neue Bücher über Bohnendiäten wurden zum Weihnachtshit. Die neue Bohne wurde zum Exportschlager. Für den Fiskus ein Tiefschlag. Der Finanzminister mußte Exportprämien bezahlen. Er konnte die neue Bohne nicht mehr riechen.

Im Frühjahr baute man im ganzen Land die neue Bohne an, gefördert und gestützt von der öffentlichen Hand. Die Exportbilanzen stiegen ins Unermeßliche, die Subventionen ebenfalls. Fläche um Fläche wurde dem Bohnenanbau gewidmet. Aber auch das Ausland brachte die Bohne auf den Markt. Afrika und Asien erwiesen sich als besonders gute Bohnenböden. Die dritte Welt wurde zur ersten. Plötzlich gab es einen Überschuß. Überall pfiff man auf die neue Bohne. Kein Schwein wollte sie mehr haben. Zum Überfluß drohte noch eine Superernte. Die Weltwirtschaftskreise wurden von Entsetzen gepackt. Wer sollte die Produktionen, Stützungen und Prämien dafür bezah-

len? Über dem Land schwebte der Staatsbankrott. Jeder fünfte Schilling, den der Steuerzahler bezahlte, wurde bereits für die Bohne verwendet.
Da tauchte ein gewitzter Mann auf, der die Entwicklung vorausgeahnt hatte. Er hatte ein Bohnenvernichtungsmittel erfunden, umweltfreundlich und frei von Nebenwirkungen. Die Regierung schaltete sofort. Mit den letzten Geldern wurde die Herstellung des Vernichtungsmittels subventioniert. Die Bohnenernte konnte bis auf den Eigenbedarf vernichtet werden. Das Land war gerettet – die übrige Welt stand vor einem Bohnenchaos.

Sie fragen, liebe Leser, wo das passieren kann? Heutzutage überall.

Nervosität ist der Preis, den man bezahlt, wenn man durch das Leben galoppiert wie ein Pferd, anstatt sich gemächlich fortzubewegen wie eine Kuh. Ich bin ein Pferd. Folge:

Ich bin nervös

Es ist ebenso unnütz nervös zu sein, wie anderen zu sagen, daß, sie es *nicht* sein sollen. Ich war nervös, also ging ich zu Dr. Merzenberger. Er untersuchte mich und sagte: »Sie sind nervös.« »Deshalb bin ich ja zu Ihnen gekommen«, antwortete ich. Er seufzte. »Wissen Sie, wie nervös *ich* bin?« fragte er. Nichtsdestoweniger schrieb er mir zwei Rezepte. »Das eine sind Tropfen«, sagte er, »das zweite Tabletten. Die Tabletten nehmen Sie erst, wenn Sie erfahren haben, was die Tropfen kosten.« Ich nahm beides, es nützte nichts. Ich blieb nervös. Ich kam immer mehr herunter. Ich zitterte so mit den Händen, daß ich jedesmal zwei Valium nehmen mußte, bevor es mir gelang, die Miltaunflasche zu öffnen.

Meine Freunde versagten vollständig. Als ich Robinson von meiner Nervosität erzählte, sagte er: »Das ist gar nichts. Richtig nervös ist meine Frau. Die nimmt so viele Beruhigungsmittel – wenn sie bei Nacht ausatmet, schlafe ich ein.« Ich ging zu Dr. Wronsky: »Du bist doch nicht nur Dentist«, sagte ich, »du hast doch Medizin studiert und bist Arzt. Kannst *du* mir nicht sagen, was mir fehlt?« Wronsky zog das untere Lid meines linken Auges herunter und sagte: »Was dir fehlt, weiß ich *nicht*, aber wenn du ein Haus wärest, würdest du einstürzen.« Ich dankte Gott, daß ich kein Haus war und ging nach Hause. Unterwegs traf ich Spannagl. Auch ihm klagte ich mein Leid. »Wer ist heute *nicht* nervös?« fragte er. »Wenn heute einer normal ist, ist er nicht normal.« Zu Hause hielt ich an mich, damit meine Frau nicht meinen Zustand merkt. Die Gute würde sich ängstigen. Bei Tisch biß ich mich diskret in die Hände, im Bett warf ich mich von einer

Seite auf die andere, was ihr schließlich auffiel. »Du brauchst Erholung«, sagte sie, »du mußt irgendwohin fahren, wo es noch gute Luft und Ruhe gibt.« Mein Schwager Goldmann wußte einen solchen Ort: St. Georgen im Lavanttal. Er wußte auch ein Hotel und nannte mir ein Reisebüro, welches alles für mich erledigen würde. Fahrkarte, Hotelreservierung, alles. »Ich war nicht nur nervös«, erzählte er, »ich war reif für den Psychiater. Ich habe täglich Futter für unsere Schildkröte gekauft.« »Und?« fragte ich ihn. Drauf er: »Wir haben gar keine Schildkröte. Fahr nach St. Georgen – du wirst gesund wiederkommen.«
In dem Moment, in dem ich wußte, daß etwas für meine Gesundung geschehen würde, wurde ich ganz, ganz ruhig. Ich rief das Reisebüro an – besetzt. Ich rief es noch einmal an – besetzt. Ich begann leicht zu zittern. Nach zehn Minuten rief ich wieder an – besetzt. Ich biß mir die Lippen blutig. Nach einer Viertelstunde rief ich es noch einmal an – besetzt. Mein Hals begann zu jucken, ich riß die Krawatte herunter und kratzte mich mit einer Heftigkeit, daß meine Frau es im Nebenzimmer hörte. Sie kam herein.
»Was hast du?« fragte sie.
»Ich rufe schon fünfzigmal das Reisebüro an, es ist immer besetzt.« Ich hatte es keine fünfzigmal angerufen, sondern erst dreimal, aber das war eben meine Nervosität.
»Laß *mich* versuchen«, sagte meine Frau. Sie hat da einen Trick. Wenn eine Nummer zu lange besetzt ist, wählt sie sie noch einmal, hält aber vor der letzten Zahl die Wahlscheibe längere Zeit an, wodurch es möglich ist, ein Gespräch zu unterbrechen. Versu-

chen Sie es einmal, die beiden Gesprächspartner werden ihre Freude daran haben. »Da hast du«, sagte sie und gab mir den Hörer. Es war ihr wieder einmal gelungen.
»Hier Reisebüro ›Sonnenschein‹«, meldete sich eine süße Mädchenstimme. »Was kann ich für Sie tun?« Vor Jahren hätte sie viel für mich tun können, heute bin ich nicht mehr jung genug und außerdem nervös. »Ich wollte Sie bitten«, sagte ich trotzdem charmant, »daß Sie mir eine Reise nach St. Georgen buchen. Bahnkarte, Hotel –«
»Welches St. Georgen meinen Sie?« unterbrach sie mich. »St. Georgen am Längsee, St. Georgen am Reith, St. Georgen am Walde, St. Georgen am Steinfeld, St. Georgen an der Gusen, St. Georgen an der Leys, St. Georgen an der Stieling, St. Georgen bei Obernberg, St. Georgen am Allersee, St. Georgen im Gailtal, St. Georgen im –«
»Genug!« unterbrach ich sie nervös. »Einen Moment!« Ich hatte vergessen, welches St. Georgen mein Schwager genannt hatte. »Welches St. Georgen hat Walter gemeint?« wandte ich mich an meine Frau. »Hier gibt es St. Georgen zum aussuchen. St. Georgen am Längsee, St. Georgen am Walde ...«
»St. Georgen im Lavanttal«, half sie mir.
»Danke. Sind Sie noch da, Fräulein?« rief ich in den Apparat.
»Ja.«
»St. Georgen im Lavanttal.«
»Ich dachte es mir«, flötete die süße Stimme. Warum hatte sie dann alle anderen aufgezählt? Wollte sie mich noch nervöser machen?

ST. GEORGEN
ST. GEORGEN
ST. GEORGEN
ST GEORGEN

»Welche Klasse wollen Sie fahren? Welches Hotel würden Sie bevorzugen?«
Ich sagte »1. Klasse«, nannte ihr das Hotel, gab ihr meinen Namen, meine Adresse, und sie versprach mir, mir am nächsten Tag alles zuzuschicken. »Ein nettes Mädchen«, sagte ich zu meiner Frau.
»Ich wußte, daß du das sagen wirst«, meinte sie spitz. »Du findest ja alle Mädchen nett.«
»Ich habe sie doch nicht einmal gesehen«, verteidigte ich mich. »Ich meine die Stimme, die Ausdrucksweise. So beruhigend, so verläßlich. Man hat das Gefühl, daß man in guten Händen ist. Morgen schon bekomme ich alles zugeschickt.«
Wirklich, am nächsten Tag bekam ich es. Die 1. Klasse stimmte, aber das Hotel hieß nicht »Goldener Ochs«, sondern »Silberne Gans« und war nicht in St. Georgen im Lavanttal, sondern in St. Georgen an der Gusen.
»Ein nettes Mädchen«, fand meine Frau ironisch. »So beruhigend, so verläßlich. Man hat das Gefühl, daß man in guten Händen ist.«
Ich zitterte wie frischgemachtes Haussulz. »Ich werde sofort das Reisebüro anrufen«, sagte ich. Ich wählte die Nummer. »Hallo?« meldete sich die süße Stimme, die mir plötzlich gar nicht mehr so süß schien. »Was kann ich für Sie tun?«
»Ich habe Sie gestern angerufen wegen einer Buchung für St. Georgen«, sagte ich, nicht mehr so freundlich wie am Tag zuvor. »Ich hatte Sie gebeten, mir ein Zimmer im Hotel ›Goldener Ochs‹ zu reservieren –«
»Es tut mir leid«, entgegnete sie, »aber in St. Georgen an der Gusen gibt es keinen ›Goldenen Ochsen‹.«

»Ich wollte ja auch nicht nach St. Georgen an der Gusen, sondern nach St. Georgen im Lavanttal.«

»Oh!« bedauerte sie. »Verzeihen Sie! Morgen schicke ich Ihnen alles zu, senden Sie mir bitte meine Unterlagen zurück.«

»Jetzt kann ich auch noch zur Post gehen«, sagte ich wütend zu meiner Frau, nachdem ich aufgelegt hatte.

»Das mache ich«, bot sie sich sofort an, »du bist sowieso so nervös. Ich wette, morgen bucht sie St. Georgen am Walde.«

Meine Frau hätte die Wette verloren. Das Mädchen hatte nicht St. Georgen am Walde gebucht, sondern St. Georgen am Steinfeld. Ich rief an, gab mich zu erkennen.

»Something wrong?« fragte sie unschuldig.

»Ja!« rief ich, ziemlich ungehalten. »Alles ist wrong! Der ›Goldene Ochs‹ stimmt, aber meiner ist im Lavanttal und nicht im Walde! Und die Fahrkarte ist zweiter Klasse und nicht erster!«

»Sorry«, sagte sie. »Morgen schicke ich Ihnen alles zu. Senden Sie mir bitte meine Unterlagen zurück.«

Meine Frau kam vom Postamt, wo sie eben die Unterlagen von gestern aufgegeben hatte. »Jetzt kann ich gleich wieder umkehren«, ärgerte sie sich. »Alles wegen dieser dummen Gans.«

Ich tröstete sie. »Morgen ist alles erledigt. Du wirst sehen.« Am nächsten Tag war alles erledigt, aber nicht so, wie ich es wollte. Die Fahrkarte erster Klasse stimmte, aber das Hotel hieß ›Grüner Frosch‹ und war in St. Georgen im Allergau. Ich schnaubte vor Wut. »Fräulein«, rief ich das Mädchen an. »Ich will keinen ›Grünen Frosch‹, und ich kapriziere mich auf

St. Georgen im Lavanttal! Ich will nicht nach St. Georgen im Allergau!«
Nun wurde auch sie ungnädig. »Ich muß sagen«, ereiferte sie sich, »daß ich noch mit keinem anderen Kunden solche Schwierigkeiten hatte wie mit Ihnen! Übrigens habe nicht ich die Buchung erledigt, sondern meine Kollegin.«
»Dann sagen Sie ihr«, schrie ich wütend, »daß *sie* das Zimmer im ›Grünen Frosch‹ nehmen kann! *Ich* will den ›Goldenen Ochsen‹! Und zwar im Lavanttal! Soll ich buchstabieren? Lamm, Affe, Vieh, Ameisenbär –«
»Das verbitte ich mir!« schrie nun auch sie. »Morgen schicke ich Ihnen alles zu, senden Sie mir bitte meine Unterlagen zurück!«
»Wird geschehen!« Ich donnerte den Hörer auf die Gabel. Meine Frau kam von der Post. »Du mußt gleich wieder zurück«, sagte ich bittend, »sie hat für St. Georgen im Allergau gebucht.«
»Das ist doch die Höhe!« schnaubte meine Frau. »Ich werde nur mehr zwischen unserer Wohnung und dem Postamt hin- und herrennen!«
»Morgen wird es stimmen. Glaube mir!« Am nächsten Tag stimmte es: Wagen erster Klasse, St. Georgen im Lavanttal, Hotel »Goldener Ochs«.
»Nimm dir den Bahnservice«, riet meine Frau. »Die holen das Gepäck von hier ab, stellen es dort zu, und du hast nichts damit zu tun.«
Der Rat schien mir gut. Meine Frau rief den Bahnservice an, am nächsten Tag holten sie das Gepäck, ich fuhr zur Bahn. Als ich nach dem Zug fragte, war er bereits abgefahren. Das Mädchen vom Reisebüro hatte mir eine falsche Auskunft gegeben. Ich mußte mit

einem Bummelzug fahren und dreimal umsteigen. Die Fahrt war aber so schön, die Gegenden, durch die ich fuhr, waren so lieblich, daß ich mich schon während der Reise beruhigte und einen Teil meiner Nervosität verlor. Als ich ankam war es Abend, der Ort war anheimelnd, das Hotel urgemütlich, nur – –
Was nur? werden Sie fragen.
Mein Gepäck war in St. Georgen im Gailtal.

Nach drei Wochen kehrte ich zurück, ruhig, friedlich, ausgeglichen. Dann sagte mir Dr. Merzenberger, daß mir das Klima in St. Georgen im Lavanttal gar nicht hätte guttun dürfen. Jetzt bin ich wieder nervös.

Viele TV-Sendungen hätten ein Happy-End, wenn man die Energie aufbrächte aufzustehen und den Apparat abzuschalten. Und doch sage ich:

Schimpft nicht auf das Fernsehprogramm

Vor fünfzig Jahren gab es Menschen, die das Fernsehen für unmöglich hielten. Manche sind noch heute dieser Meinung. Ich nicht. Ich bin bekehrt. Ich behaupte, daß ein einziges Programm in der Woche, an dem man Gefallen findet, alle übrigen rechtfertigt.
Ich bin Kabelfernseher. Auf der Suche nach einem guten Programm stieß ich neulich auf eine Sendung, die »Miteinander reden« hieß. Wie ich bald erfuhr, handelte es sich dabei um die soundsovielte Folge einer Serie, von der ich jetzt keine Fortsetzung mehr versäume. Die Sendung ist weder hochgestochen noch niveaulos und bringt, nebst artistischen und musikalischen Nummern, vor allem Menschen vor die Kamera, die von einem Moderator vorgestellt und anschließend interviewt werden. Es kann ein Politiker sein, der zur Zeit im Gespräch ist, es kann ein Sportler sein, der einen Sieg erkämpft hat, es kann ein Erfinder sein, der ein spritunabhängiges Auto erfunden hat, es kann ein Dompteur sein, der einen Löwen gebissen hat, es können Junge sein, Alte sein, Reiche sein, Arme sein – interessant müssen sie sein. So zeigte man vor kurzem einen Mann, der nach mehrjähriger Haft aus der Strafanstalt entlassen worden war.
»Sie sind also jetzt frei«, begann der Moderator. »Haben Sie schon irgendwelche Pläne für die Zukunft?«
»Zwei«, sagte der Mann.
»Und zwar welche?« erkundigte sich der Moderator.
»Einen von einer Bank und einen von einem Juwelier.« Es wurde rasch abgeblendet.
In der gestrigen Sendung zeigte man ein eben getrautes Hochzeitspaar: Herrn und Frau Schwegler.
»Die Herrschaften«, erklärte der Moderator den Zu-

sehern, »kommen eben von ihrer Trauung und haben, um hier erscheinen zu können, ihre Hochzeitsreise um einen Tag verschoben.« Applaus. »Herr und Frau Schwegler«, fuhr er fort, »kommen aus dem Burgenland und werden die heutige Nacht in einem erstklassigen Hotel verbringen – natürlich mit allem Drum und Dran – die Kosten übernimmt ›Miteinander reden‹.« Applaus.

Der Moderator wendete sich an die junge Frau. »Warum haben Sie eigentlich geheiratet, Frau Schwegler? Aus Liebe oder aus Vernunft?«

Frau Schwegler wurde verlegen. »Schon aus Liebe«, sagte sie zögernd, »aber ein bißchen Vernunft war natürlich auch dabei.«

Dem jungen Ehemann gab es einen Riß.

»Sie sagten«, setzte der Moderator fort, »ein bißchen Vernunft war auch dabei. Bezieht sich das auf die finanzielle Lage Ihres Gatten?«

»Nein«, lächelte die junge Frau. »Er ist Angestellter so wie ich. Er ist Gehilfe bei einem Friseur, und ich bin dort Maniküre. So haben wir uns ja auch kennengelernt.«

»Was meinten Sie also mit Vernunft?«

»Er ist so tüchtig. Unter der Woche essen wir ja täglich in einer Imbißstube, aber am Sonntag, da kocht er – –«

»Er kocht?« unterbrach sie der Moderator.

»Ja. Außerdem ist er ein Hobby-Geschirrspüler, er wäscht die Wäsche – –«

»Alles er?« wunderte sich der Moderator.

»Ja, und bügelt sie. Hemden, Vorhänge, alles. Und wie! Sie müßten einmal sehen, wie der meine Faltenröcke bügelt. Wie ein Profi. Und alles am Sonntag. Und ich habe nichts zu tun, als auf der Couch zu liegen und zu lesen. So etwas findet man doch nicht so bald.« Das Gesicht des Ehemannes wurde immer länger.

Der Moderator sprach schnell weiter. »Haben Sie die Absicht, Frau Schwegler, Ihre Ehe unter allen Umständen, was immer auch geschehen möge, aufrechtzuerhalten?«

»Unbedingt.«

»Was, glauben Sie, ist die beste Garantie dafür?«

»Eine eigene Wohnung. Ich schätze meine Schwiegermutter sehr, aber wenn wir zusammen wohnen würden, würde sie sich bestimmt in alles einmischen, wir wären nie allein und kämen nie dazu, miteinander zu reden. Und das ist das Wichtigste. Ich glaube, es kann nichts so schwerwiegend sein, daß man es nicht, wenn man miteinander redet, wieder in Ordnung bringen könnte.«

»Richtig. Was ist Ihre Meinung, Herr Schwegler?«

»Ich finde auch, daß das Miteinanderreden in einer Ehe die Hauptsache ist.«

»Ich danke Ihnen, daß Sie gekommen sind.« Und zu den Zusehern im Saal – die Sendung war öffentlich: »Sie haben es gehört. Wir alle reden zuwenig miteinander. Es könnte, besonders in einer Ehe, vieles vermieden werden, wenn die Menschen mehr miteinander reden würden. Wir haben noch ein Ehepaar eingeladen. Dieses Ehepaar hat genau heute vor einem Jahr geheiratet und ist bereits wieder in Scheidung. Darf ich bitten, Herr und Frau Lechner?« Die Kamera richtete sich auf ein anderes Paar.

»Herr und Frau Lechner«, begrüßte er die beiden gutaussehenden jungen Leute. »Sie haben heute vor einem Jahr geheiratet und lassen sich schon wieder scheiden. Dabei habe ich gehört, daß Ihre Heirat eine Liebesheirat war.«
»Ja«, beeilten beide sich zu sagen.
»Was ist also dann der Grund?«
»Wir passen beruflich nicht zusammen«, begann die junge Frau. »Mein Mann ist Musiker in einem Striplokal und ich bin kaufmännische Angestellte in einem Büro. Vor vier Uhr früh kommt er nicht nach Haus, bis er im Bett liegt, ist es fünf – da muß ich schon aufstehen, frühstücken und ins Büro fahren, weil ich nach sechs keinen Parkplatz bekomme. Wir sind überhaupt nie dazugekommen, miteinander zu reden.«
»Haben Sie denn keinen freien Tag?« wendete der Moderator sich an Herrn Lechner.
»O ja. Am Sonntag bin ich frei.«
»Da ist doch Ihre Frau auch frei. Warum haben Sie *da* nicht miteinander geredet?«
»Da waren wir so müd', daß wir den ganzen Tag geschlafen haben.«
»Nie sind wir in ein Kino gegangen«, klagte die junge Frau, »nie in ein Theater. Am Abend habe ich schnell etwas gekocht, dann haben wir gegessen, und schon hat er wieder ins Geschäft müssen. Sogar beim Fernsehen war ich allein. Dabei hätte ich so gern ein Kind gehabt.«
»Ich doch auch. Aber wie?«
»Auf den Storch allein ist anscheinend kein Verlaß«, warf der Moderator ein. Die Leute im Saal lachten.

»Es ist schon das beste«, meinte die junge Frau, »wenn wir auseinandergehen.«

Der Moderator dachte kurz nach. »Ich habe eine Idee«, sagte er dann. »Ich hoffe, die Redaktion ist einverstanden. Ich schlage vor, dieses Paar in demselben Hotel übernachten zu lassen wie das andere« – ein Zettel wurde ihm gereicht – »die Redaktion ist einverstanden.« Applaus. Ein zweiter Zettel. »Das Hotel teilt uns mit, daß es auch Herrn und Frau Lechner ein Apartment zur Verfügung stellen wird, natürlich auch mit allem Drum und Dran.« Wieder Applaus. »Und Sie versprechen uns«, wendete er sich an das zweite Paar, »sich zusammenzusetzen und – beim Zusammensitzen – sich auseinanderzusetzen.«

»Ja«, versprachen die Lechners.

Ich schaltete das Fernsehgerät ab, setzte mich an meinen Schreibtisch und dachte nach. Ich stellte mir vor, was sich in dem Hotel, in dem sich die beiden Paare befanden, jetzt abspielen mochte.

Das Paar Schwegler betrat sein Apartment.

»Du hast mich ja schön blamiert«, begann er gereizt. »Vor Millionen von Zusehern zu sagen, daß du mich nur aus Vernunft geheiratet hast.«

»Das habe ich nicht gesagt. Ich habe gesagt, ich habe dich aus Liebe geheiratet, aber ein bißchen Vernunft war auch dabei.«

»Weil ich ein Hobby-Geschirrspüler bin«, meinte er höhnisch.

Nun war auch sie gereizt. »Wenn du keinen Scherz verstehst«, meinte sie.

»Ein schöner Scherz. Die einzigen, die darüber gelacht haben werden, werden meine Freunde gewesen sein. Auch wie sie gehört haben, daß ich am Sonntag deine Faltenröcke bügle, während du auf der Couch liegst und liest. Du weißt nicht, wie du mich während der Sendung nervös gemacht hast.«

»Und du? Du machst mich doch *immer* nervös! Du hast mich schon nervös gemacht, wie du mich überredet hast, bei unserem ersten gemeinsamen Schiausflug mit dir zu übernachten. Damals habe ich es zum erstenmal bemerkt und konnte noch darüber lachen.«

»*Was* hast du zum erstenmal bemerkt?«

»Daß du deine Schuhe, wenn du sie ausziehst, immer verkehrt hinstellst. Den linken rechts und den rechten links. Später habe ich erst gesehen, daß du das *immer* so machst! Wenn du diese Gewohnheit nicht aufgibst, werde ich in einem Jahr verrückt sein!«

»Ach so?« sagte er, bereits *sehr* gereizt. »Hast du denn keine Gewohnheiten? Drückst du die Zahnpastatube nicht immer in der Mitte aus anstatt unten? Rauchst du nicht im Bett und bist zu faul, um den Aschenbecher auszuleeren? Und deine Mutter! Zu jedem Glas und zu jeder Tasse hat sie einen Untersatz! Und wehe, wenn man einmal ein Glas daneben stellt! Dann durchbohrt sie einen mit ihren Blicken!«

»Wenn dir meine Mutter so zuwider ist, warum hast du mich dann geheiratet?«

»Weil ich geglaubt habe, daß die Schwiegermütterwitze nur Witze sind!«

Sie lenkte ein. »Lassen wir das. Schließlich haben wir heute unsere Hochzeitsnacht. Zum erstenmal – legitim«, lachte sie.

»Du hast recht«, stimmte er ihr, sofort versöhnt, zu. Er half ihr aus dem Kleid. »Wie du im Fernsehen sagen konntest«, brummte er dabei, »daß du mich aus Vernunft geheiratet hast.«

»Es war eine Dummheit«, sagte sie, »ich sehe es ein. Schuld daran ist der Generaldirektor. Er hat mir gesagt: Liebe ist Liebe, aber für eine Ehe ist es besser, wenn die Vernunft überwiegt.«

Er hatte bereits seine Schuhe ausgezogen. »Schon wieder!« sagte sie und biß sich auf die Unterlippe.

»*Was* schon wieder?«

»Die Schuhe. Der linke rechts und der rechte links.«

»Lenke mich nicht ab!« schrie er. »Was für ein Generaldirektor hat dir das gesagt?«

»Was für ein Generaldirektor!« wiederholte sie höhnisch. »Der dicke, dem du immer die Haare schneidest, während ich ihm die Nägel maniküre.«

»Wieso habe *ich* das nicht gehört? Ich höre doch alles, was du mit den Kunden sprichst! Wann hat er dir das gesagt?«

»Irgendeinmal ... in seiner Wohnung ...«

»Du warst bei dem dicken Generaldirektor in der Wohnung?«

»Du weißt doch, daß er einmal krank war und daß ich ihm im Bett die Nägel manikürt habe!«

»Du hast ihm im Bett die Nägel manikürt?« Drohend ging er auf sie zu.

»Ich habe sie ihm nicht im Bett manikürt! *Er* war im Bett – und *ich* habe manikürt!«

»Und wen hast du noch im Bett manikürt?« tobte er. »Wahrscheinlich den Dr. Fröhlich, mit dem du immer flirtest! Oder den Ingenieur Steinbach! Oder den Fridolin, den Popsänger, den ich sowieso nicht leiden kann! Und mich hast du geheiratet, weil ich kochen

und waschen und bügeln kann! Merke dir eines: Ich bügle alles aus – nur unsere Ehe nicht!« Er stürzte aus dem Zimmer und stieß den Kellner um, der eben ein köstliches Souper hineinfahren wollte.
»Geh! Geh!« rief sie hinter ihm her und warf ihm die Schuhe nach. »Das ist der rechte! Und das der linke!«
Sie hörte erst wieder durch seinen Anwalt von ihm. Er hatte die Scheidung eingereicht. Nach dem neuen Ehegesetz braucht man ja zu einer Scheidung nur eine Hochzeit, und die hatten sie gehabt.
Nun zu dem anderen Paar.
Herr und Frau Lechner betraten ihr Apartment. Behutsam nahm er ihr den Mantel ab. »Wollen wir jetzt miteinander reden?« fragte er zärtlich.
»Worüber?« Sie war ein bißchen nervös.
»Über uns. Ich möchte dir sagen, daß ich mir von jetzt an mehr Zeit nehmen werde. Ich werde den Posten in dem schrecklichen Striplokal aufgeben. Ich habe bereits einen anderen in Aussicht. In einem Theaterorchester. Da bin ich längstens um halb elf zu Hause ...« Er zog sie an sich. »Ich wollte doch auch immer ein Kind haben ... und wenn du ...«
»Wenn ich –?«
»Wenn du es noch einmal mit mir versuchen wolltest ...«
»Natürlich will ich das!« antwortete sie glücklich. »Ich habe ja nur darauf gewartet, daß du einmal so mit mir reden würdest ...«
Der Kellner hatte das Souper gebracht – sie beachteten es nicht. Er nahm sie in seine Arme, sie küßten sich – er drehte das Licht aus ...
Jemand klopfte an meine Tür. Ich schrak zusammen.

Jetzt? Um zwei Uhr morgens?
»Herein!« sagte ich. Eine unbekannte Person trat ein. Eine Frau. Sie war ziemlich schmutzig. »Wer sind Sie?« fragte ich.
»Deine Phantasie«, gab sie zur Antwort. »Deine schmutzige Phantasie. Ich will dir nur sagen, was sich wirklich ereignet hat. Das Paar Schwegler hat das Apartment betreten und hat sofort mit den Flitterwochen begonnen.«
»Und das Paar Lechner?«
»Das Paar Lechner hat gegessen und getrunken – und beschlossen, bei der Scheidung zu bleiben.«

Ich warf sie hinaus. Meine Phantasie ist auch nicht mehr das, was sie war.

Was dem einen recht ist, ist dem andern billig – solange sich kein Anwalt dazuschlägt. Anwälte verteuern die Sache. Sie sind gute Redner und gute Rechner, weshalb ich mich gar nicht wunderte, daß mein Freund und Anwalt Dr. Robinson einmal der einzige war, der meinem Neffen Ladi bei einer arithmetischen Hausaufgabe helfen konnte. Es war

Eine schwierige Rechnung

Ein kluger Mann sagte einmal: Anwälte sind Menschen, die uns aus all den Ärgernissen befreien, in die wir nie geraten würden, wenn es keine Anwälte gäbe. Und doch – ich bewundere sie. Wenn ich einen Anwalt kennenlerne, betrachte ich zuallererst seine Ohren. Sie kommen mir vor wie zwei Buchstützen – was dazwischen ist, sind eine Menge Bände mit einer Unzahl von Paragraphen, aus denen sie, sobald sie ihn brauchen, immer den richtigen hervorholen. Gewinnt ein Anwalt einen Prozeß, sagt er zu seinem Klienten: »Ich habe den Prozeß gewonnen«, verliert er ihn, sagt er: »Sie haben ihn verloren.« Aber ich will jetzt nicht von Prozessen reden, sondern von einer Rechenaufgabe, die nur der findige Kopf eines Anwalts lösen konnte. Wir saßen wieder einmal im Kaffeehaus: Robinson, Wronsky und ich. Plötzlich kam mein Neffe Ladi zur Tür herein und steuerte direkt auf uns zu.

»Dein Vater ist nicht hier, Ladi«, sagte ich.

»Ich weiß es«, antwortete Ladi, damals zwölf, »ich komme zu dir. Mein Mathelehrer hat uns wieder einmal eine Aufgabe gegeben, die ich nicht lösen kann, und da habe ich mir gedacht, vielleicht kannst du mir helfen.«

»Was ist mit deinem Vater?« fragte ich geschmeichelt. »Hilft *er* dir nicht?«

»Er hat es versucht, aber nach einer halben Stunde hat er das Buch an die Wand geschleudert, hat zwei Aspirin genommen und hat sich ins Bett gelegt.«

»Und was ist mit deiner Mutter?«

»Die hat es auch versucht, die hat zwei Valium genommen.«

»Na schön«, sagte ich gütig. »Setz dich zu uns, trink eine Tasse Schokolade, und zeige mir die Rechnung.« Ladi ließ sich das nicht zweimal sagen. Er setzte sich zu uns, nahm eine Tasse Schokolade, zwei Sachertorten und ein Baiser mit Schlagobers. Inzwischen studierte ich die Rechenaufgabe, und ich muß gestehen, daß mir nach und nach schwül wurde. Da stand folgendes:

Ein Rennstallbesitzer stirbt und hinterläßt seinen drei Söhnen siebzehn Pferde. Laut Testament soll der älteste Sohn die Hälfte bekommen, der mittlere ein Drittel und der jüngste ein Neuntel. »Das ist doch ganz einfach«, sagte ich im ersten Moment. »Da sind einmal siebzehn Pferde. Der älteste Sohn bekommt die Hälfte, die Hälfte von siebzehn ist –« Moment! Ich stutzte. Die Hälfte von siebzehn ist achteinhalb. Der Vater konnte doch dem Sohn kein halbes Pferd hinterlassen. Ich ging weiter: Der zweite Sohn bekommt ein Drittel. Ein Drittel von siebzehn ist, grob gerechnet, fünfkommasechs Pferde! Der dritte Sohn bekommt ein Neuntel, das ist, wieder grob gerechnet, einskommaacht Pferde! Das ist doch nicht möglich!

»Hast du es schon?« fragte Ladi.

»Noch nicht, aber gleich.« Was sollte ich ihm sagen, wo er so an mich glaubte?

»Darf ich mir eine Cremeschnitte nehmen?«

»Nimm dir, was du willst, mein Kind«, sagte ich. *Ich* nahm ein Miltaun. Der Schweiß stand mir auf der Stirne.

»Was hast du?« fragte Wronsky. »Ist dir schlecht?« Wer von meinen Lesern Dr. Wronsky noch nicht kennt: Er ist mein Dentist.

Ich las ihm die Rechnung vor: Ein Rennstallbesitzer stirbt und hinterläßt seinen drei Söhnen siebzehn Pferde. Laut Testament soll der älteste Sohn die Hälfte bekommen, der mittlere ein Drittel und der jüngste ein Neuntel.
»Das kann doch nicht so schwer sein«, meinte Wronsky. »Wir haben siebzehn Pferde. Der älteste Sohn bekommt die Hälfte. Die Hälfte von siebzehn ist –« er stockte.
»Na?« fragte ich schadenfroh.
»Die Hälfte von siebzehn ist achteinhalb«, sagte Wronsky zögernd. »Das weiß jedes Kind.«
»*Das* weiß jedes Kind«, gab ich gereizt zu. »Aber die Hälfte von siebzehn Pferden! Du kannst doch ein Pferd nicht halbieren! Und was ist mit dem Drittel und mit dem Neuntel? Der Mann war ein Rennstallbesitzer, also dürfte es sich um Rennpferde handeln! Sollen die zerstückelten Pferde ein Rennen gewinnen?«
Wronsky nahm ein Aspirin, ein Valium und ein Miltaun. »Bei Pferden kenne ich mich nicht aus«, sagte er. »Ich bin Dentist – laß es mich mit Zähnen versuchen. Ein Renntstallbesitzer stirbt und hinterläßt seinen drei Söhnen siebzehn Zähne.«
»Das ist doch noch dümmer!« rief ich. »Was sollen die drei mit siebzehn Zähnen machen?«
»Laß mich nur«, beharrte Wronsky. »Wir legen die Zähne dann auf Pferde um.«
Ich wurde wütend. »Wie willst du die Zähne auf Pferde umlegen?« knirschte ich. »Können Zähne beim Rennen laufen? Kannst du mit Pferden beißen?«
»Laß mich. Ich weiß, was ich will. Ein Rennstallbesit-

zer stirbt und hinterläßt seinen drei Söhnen siebzehn Zähne. Der älteste bekommt die Hälfte – das sind achteinhalb Zähne.« Wronsky stöhnte. »Das geht nicht«, sagte er.
Ladi freute sich, weil es uns auch nicht gelang, die Aufgabe zu lösen. »Darf ich mir eine Punschtorte nehmen?«
»Ja!« sagte ich bissig und verwünschte ihn im stillen.
Robinson hatte bis dahin Zeitung gelesen. »Was habt ihr denn für ein Problem?« fragte er.
»Eines, bei dem uns nicht einmal ein Rechtsanwalt helfen kann«, entgegnete ich. Ich las ihm die Aufgabe vor: »Ein Rennstallbesitzer stirbt und hinterläßt seinen drei Söhnen siebzehn Pferde. Laut Testament soll der älteste Sohn die Hälfte bekommen, der mittlere ein Drittel und der jüngste ein Neuntel.«
»Hm«, machte Robinson. Dann schwieg er. Ich beobachtete ihn und sah, wie es in den Gesetzbüchern zwischen seinen Ohren arbeitete. »Das ist nicht schwer«, meinte er dann.
»So?« fragte Wronsky höhnisch. »Dann verrate uns doch die Lösung.«
»Ganz einfach«, sagte Robinson ruhig. »Ich gebe ein Pferd dazu.«
»Dazu?!?«
»Ja. Dann sind es achtzehn, die Hälfte von achtzehn ist neun, ein Drittel ist sechs und ein Neuntel ist zwei. Der älteste Sohn bekommt neun Pferde, der mittlere sechs und der jüngste zwei.«
Wronsky und ich starrten ihn an wie ein Wunder, Ladi schob die Torte weg, was bei ihm etwas heißen will.
»Da muß ich die Probe machen«, sagte er aufgeregt

und addierte: »Neun und sechs ist fünfzehn und zwei ist – siebzehn!« rief er überrascht. »Jetzt sind es wieder siebzehn! Was mache ich jetzt?«
»*Du* machst gar nichts«, sagte Robinson ruhig, »ich nehme mein Pferd wieder zurück, und alles ist in Ordnung.« Sprach's, bezahlte und ging.

Die Sache läßt mir keine Ruhe. Siebzehn Pferde konnten in Drittel und Neuntel geteilt werden, nur weil Robinson ein Pferd dazugegeben und wieder weggenommen hatte – noch dazu ein Pferd, das er gar nicht besaß. Typisch Anwalt!

Sooft eine Regierung einen Fehler macht, macht sie schnell ein dazu passendes Gesetz, aber schon Bernard Shaw sagte: »Es ist leichter, ein gutes Stück zu schreiben, als ein gutes Gesetz zu machen. Und dabei«, setzte er hinzu, »gibt es keine hundert Menschen auf der Welt, die gute Stücke schreiben können.«
Gesetze haben meistens etwas mit Brüchen zu tun. Da gibt es den Vertragsbruch, den Hausfriedensbruch, den Einbruch und natürlich, nicht zu vergessen, den

Ehebruch

Mac Pool ist Detektiv. Kein großer Detektiv wie beispielsweise Sherlock Holmes, Derrick oder Columbo. Mac Pool ist ein kleiner Detektiv. Ein Privatdetektiv. Ein Privatdetektiv, der Verdächtige beschattet wie etwa Bankkassierer, die in Spielcasinos verkehren, Direktoren von Wohnbaugemeinschaften, die mit ihren Verhältnissen über ihre Verhältnisse leben, und selbstverständlich Ehemänner, die, wie ihre Frauen vermuten, gern zur Seite springen. Mac Pool hieß auch nicht Mac Pool, sondern Max Pollitzer, aber ein Firmenschild, auf welchem »Max Pollitzer, Privatdetektiv« steht, ist nicht sehr vertrauenseinflößend.

Aber zurück zum Ehebruch. Ehebruch war seine Spezialität, und der Klientin, die eben in sein Büro gekommen war und die ihm nun gegenübersaß, sah er sofort an, was sie zu ihm geführt hatte. Sie war eine Frau in den besten Jahren, sehr hübsch, aber im Moment sehr unruhig, hektisch, kribbelig. »Was kann ich für Sie tun?« fragte Mac, obwohl er es bereits wußte.

»Sie sind Detektiv«, sagte sie zitternd.

»Ja. Wer hat Sie zu mir empfohlen?«

»Niemand. Ich habe Ihr Schild neben dem Hauseingang gelesen und habe mich plötzlich entschlossen, Sie aufzusuchen.«

»Und was wünschen Sie von mir?«

»Sie sollen jemanden überwachen.«

»Wen?«

»Meinen Mann.«

»Ist er in Gefahr?«

»In großer Gefahr.«

RANG.

»Will man ihn erpressen?«
»Schlimmer.«
»Entführen?«
»Schlimmer.«
»Töten?«
»Ja.«
»Wer?«
»Ich.«
»Sie?« Mac Pool alias Max Pollitzer staunte. »Darf ich fragen warum?«
»Weil er ein Schuft ist. Ein Betrüger. Ein Ehebrecher.«
»Darf ich um Ihren Namen bitten?«
»Muß das sein?«
»Ja.«
»Lenz. Verena Lenz.«
»Und Ihr Mann?«
»Mein Mann heißt Egon.«
Mac Pool machte sich Notizen. »Haben Sie vielleicht ein Foto von ihm?« fragte er.
»Hier.« Sie nahm mit zitternden Fingern ein Foto aus der Tasche und reichte es ihm.
Mac Pool warf einen kurzen Blick darauf und legte es zur Seite. »Und der Grund Ihrer Vermutung?«
»Vermutung?«
»Daß Ihr Mann Sie betrügt.«
»Hören Sie?« empörte sie sich. »Das ist keine Vermutung, ich weiß es mit Sicherheit. Mein Mann wurde mit dieser Person nicht nur in Cafés, Restaurants und Theatern gesehen, sondern sogar beim Verlassen eines Motels!«
»Und Sie wissen, wer diese Person ist?«

»Natürlich weiß ich es, aber ich habe keine Beweise. Die sollen *Sie* mir liefern. Ehe wir heirateten, besaß mein Mann nichts. Nicht einmal eine eigene Wohnung hatte er. Mein Vater hat ihn in unseren Betrieb aufgenommen, und heute ist er Besitzer einer Firma, die über hundert Mitarbeiter hat.« Sie nahm eine Zigarette aus einem Etui und fingerte nervös an ihrem Feuerzeug herum.
»Hier bitte.« Mac Pool gab ihr Feuer. »Arbeiten Sie ebenfalls in der Firma?«
»Nein«, antwortete sie wütend. »Das ist es ja! Wir bekamen einen Sohn, und da hat mein Mann, dieser elende Schurke, darauf bestanden, daß ich zu Hause bleibe, weil ich, wie er sagte, für das Kind notwendiger bin als für das Geschäft. Jetzt habe ich nicht einmal mein eigenes Geld, und wenn ich etwas brauche, muß ich zu ihm gehen.«
»Erzählen Sie weiter.«
»Zehn Jahre lang ging alles gut, dann kam dieses Tier in seine Nähe.«
»Ein Hund?« fragte Mac Pool.
»Eine Katze!« antwortete sie haßerfüllt. »Eine menschliche Katze! Christa heißt sie! Christa Nowatschek! Als Hilfskraft kam sie in sein Büro – heute ist sie Chefsekretärin! Dabei ist sie dumm wie die Nacht! Wenn man ›Grüß Gott!‹ zu ihr sagt, weiß sie keine Antwort drauf! Aber raffiniert ist sie! Sie sollten sehen, wie sie sich kleidet! Auf dem Firmenball, auf dem doch nur unsere Angestellten sind, war sie so dekolletiert, daß man unter den Tisch schauen mußte, wenn man sehen wollte, was für ein Kleid sie anhat!«
»Hat Ihr Mann schon einmal zu jemandem von ihr ge-

sprochen? Hat er schon einmal gesagt, daß diese«, er sah auf seine Notizen, »diese Christa Nowatschek seine Freundin ist?«
»Er wird sich hüten.«
»Hat er schon unbewußt von ihr gesprochen? Vielleicht nur im Schlaf?«
»Nein. Das ist ja auch so eine Sache. Er spricht nicht im Schlaf, aber er schmunzelt. Da träumt er bestimmt von ihr.«
»Verehrte gnädige Frau«, machte Mac Pool dem Gespräch ein Ende. »Sie erwähnten vorhin, daß Sie kein eigenes Geld besitzen. Es wird Ihnen aber doch wohl klar sein, daß eine Menge Kosten herausschauen, wenn ich beweisen soll, daß Ihr Mann wirklich eine Freundin hat.«
»Wirklich?« rief sie erbost. »Was heißt hier wirklich? Er *hat* eine Freundin, und jeder im Betrieb weiß, daß dieses Biest seine Freundin ist! Wieviel verlangen Sie?«
»Zehntausend Schilling Vorschuß, tausend Schilling pro Tag und die Spesen.«
Verena dachte kurz nach. Dann sagte sie ruhig: »Das geht, das gibt mir mein Freund.«

Die Ehe, wird Mac Pool später einmal in seinen Erinnerungen schreiben, macht immer Schmerzen. Zuerst sind es Herzschmerzen und dann Kopfschmerzen.

Ein Buch, das kein Vorwort hat, braucht auch kein Nachwort zu haben. Ich bringe Ihnen, liebe Leser, deshalb lieber eine kleine Geschichte, betitelt:

Anstelle eines Nachworts

Mein Freund Spannagl hat ein Sommerhäuschen in Bad Vöslau, mit allem, was dazugehört: mit einem Garten, einer Terrasse, einem Swimming-Pool und einem Nachbarn, der es nicht unterlassen kann, sich ständig Dinge auszuborgen, da er die seinen entweder vergessen, verlegt oder kaputtgemacht hat. Eben stürzt er in den Garten, wo Spannagl auf einer Hollywoodschaukel sitzt und in Ruhe seine Zeitung liest.

»Da sind Sie ja, Herr Spannagl«, keucht er, »ich will Ihnen nur die elektrische Heckenschneidemaschine zurückgeben, die Sie mir vorige Woche geborgt haben. Das heißt, ich wollte sie Ihnen zurückgeben, aber leider ist folgendes passiert: Ich habe Ihnen doch erzählt, daß ich mir auch so eine elektrische Heckenschneidemaschine kaufen will und habe Sie gebeten mir die Ihre zu borgen, damit ich sie ausprobieren kann, was Sie auch bereitwilligst getan haben. Sie wissen ja, daß ich mit dem Rasenmäher, den Sie mir geborgt haben, leider gar nicht zufrieden war. Ich steige also auf die Leiter und fange an, die Hecke zu schneiden, plötzlich höre ich meine Kinder oben auf dem Balkon streiten. ›Wollt ihr aufhören, ihr Fratzen!‹ schreie ich hinauf, weil ich weiß, daß Sie um diese Zeit nicht gestört werden wollen. Dabei habe ich nur für einen Moment die Heckenschneidemaschine außer acht gelassen und bin mit der Schere in das gußeiserne Gitter gekommen. Ich habe nie gewußt, daß ein gußeisernes Gitter eine, noch dazu neue, Heckenschneidemaschine so zurichten kann. Regen Sie sich bitte nicht auf, es ist ja weiter nichts geschehen. Ich habe die Werkzeugkiste geholt, die Sie mir einmal geborgt haben, habe die Heckenschneidemaschine auseinandergenommen, habe sie wieder zusammengesetzt, wobei mir ein paar Schrauben übriggeblieben sind, was auch der Grund gewesen sein dürfte, daß sie nicht mehr funktioniert hat. Macht nichts, habe ich mir gedacht, ich bringe sie zum Mechaniker. Ich will meinen Wagen aus der Garage nehmen, da fällt mir ein, daß er beim Service ist. Ich wollte Sie nicht in Ihrer Ruhe stören, und so habe ich Ihre Frau gebeten, daß sie mir Ihren Wagen borgt. Sie brauchen nicht blaß zu werden, Herr Spannagl, es ist wirklich nichts geschehen. Ich nehme die Heckenschneidemaschine, lege sie in Ihren Wagen und fahre los. Knapp vor der Kreuzung, die Ampel war grün, kommt mir ein junges Mädchen auf einem Mofa entgegen, bittet mich, stehen zu bleiben und fragt mich nach dem Weg nach Gumpoldskirchen. Ich zeige ihr, wie sie zu fahren hat, schaue ihr einen Augenblick nach, inzwischen hat die Ampel auf rot gewechselt, ich merke es nicht und fahre in einen von rechts kommenden Wagen hinein. Sie werden ganz blau im Gesicht, Herr Spannagl, Ihre Adern schwellen an, bitte, bitte, regen Sie sich nicht auf, es ist alles in Ordnung. Es gab zwar einen Totalschaden, aber es wurde niemand verletzt. Sie werden nur einige Unannehmlichkeiten haben, weil grad ein Polizist vorübergekommen ist und meinen Führerschein sowie die Wagenpapiere verlangt hat. Da ich meinen Führerschein nicht bei mir hatte und der Wagen auf Ihren Namen geht, mußte ich angeben, daß ich Spannagl heiße, und diesen Namen hat sich der Polizist auch notiert. Natürlich wird es dadurch Schwierigkeiten mit meiner Versicherung geben, weil ich ja als Spannagl nicht versichert bin, und

Ihre Versicherung wird den Schaden auch nicht bezahlen wollen, weil ja nicht Sie in dem Wagen gesessen sind, sondern ich. Schauen Sie mich nicht so drohend an, Herr Spannagl, bitte tun Sie mir nichts, fassen Sie mich nicht bei der Jacke, sie gehört Ihnen, erinnern Sie sich, Sie haben sie mir am letzten Sonntag geborgt, als ich im strömenden Regen herauskam und die Hausschlüssel in meiner Wiener Wohnung vergessen hatte. Lassen Sie mich los, Herr Spannagl ... fassen Sie mich nicht beim Hals ... Herr Spannagl ... Herr Spannagl ... Herr Spa ...«
Spannagl hatte wirklich Unannehmlichkeiten. Wenn Sie also nicht wünschen, daß es Ihnen ebenso ergeht wie ihm, dann verborgen Sie nichts, und wenn Sie schon etwas verborgen, dann regen Sie sich nicht auf, wenn Sie es beschädigt oder gar nicht zurückbekommen, sei es eine Heckenschneidemaschine, ein Buch oder eine Frau. Zähmen Sie Ihr Temperament und denken Sie sich:

IMMER MIT DER RUHE

RANG.